सफलता की ऊँची छलांग

1. सफलता की सीख; 2. सफलता का सफर;
3. सबसे बड़ी सफलता कैसे पाएं?; 4. माइंड सेट तो लाइफ सेट;

जे.पी.एस. जौली

AF658693

डायमंड बुक्स

www.diamondbook.in

© लेखकाधीन

प्रकाशक : डायमंड पॉकेट बुक्स (प्रा.) लि.
X-30 ओखला इंडस्ट्रियल एरिया, फेज-II
नई दिल्ली-110020
फोन : 011-40712200
ई-मेल : sales@dpb.in
वेबसाइट : www.diamondbook.in
संस्करण : 2022

Safalta Ki Unchi Chhalang
By : J.P.S. Jolly

भूमिका

हर इंसान के जीवन में बड़ी सफलता को लेकर बहुत सारी उम्मीदें होती हैं। अपने जीवन के लक्ष्य कैसे तय करें और उसे हासिल करने के लिए किस तरह के प्रयास की जरूरत होती है। इसके अलावा हमारे आसपास क्या कुछ हो रहा है और आने वाले समय में क्या होगा, यह सारी बातें कॉलेज की पढ़ाई के दौरान नहीं समझाई जाती। हम सभी के जीवन की एक अलग कहानी होती है। हम कल तक कहां थे, आज कहां हैं, इस बात से कुछ खास फर्क नहीं पड़ता। देखने वाली बात तो यह है कि हम भविष्य में कहां तक अपने सपनों को साकार कर सकते हैं? अपने करियर को आगे बढ़ाते हुए किस हद तक तकदीर की तस्वीर बदल पाएंगे। हमारे अंदर कितनी प्रतिभा और गुण हैं। क्या हम उनका सही ढंग से इस्तेमाल कर पा रहे हैं। यह सब कुछ हमारे अपने विचारों पर निर्भर करता है। हमारे विचार ही हमारे पास ऐसे हथियार हैं जो हमारी हर इच्छा, हर लक्ष्य को पूरा करने में अहम भूमिका निभाते हैं। यह सच है कि बड़ी डिग्रियों की बदौलत कुछ लोग थोड़ा जल्दी सफल हो जाते हैं। लेकिन कामयाब होने के लिए यह जरूरी नहीं होता कि हमारे पास सबसे बड़ी डिग्रियां ही हों। इंटरनेट के इस दौर में कामयाब होने के लिए किसी किस्म की रॉकेट साइंस की भी जरूरत नहीं होती। आप अपने जोश और जज्बे के दम पर सफलता की सबसे ऊंची छलांग लगा सकते हो।

इस दुनिया में वैज्ञानिक थामस अलवा ऐडीसन जैसे अनेकों महान व्यक्तियों के उदाहरण हैं जिन्होंने बिना खास पढ़ाई के भी आसमान की उन बुलदिंयों को छुआ है, जहां आज तक कोई दूसरा इंसान नहीं पहुंच पाया। दुनिया के सबसे अमीर इंसान बिल गेट्स तो यहां तक कहते हैं कि अगर आपका जन्म एक गरीब परिवार में हुआ है तो उसमें आपकी कोई गलती नहीं है, लेकिन अगर आप अपना सारा जीवन गरीबी में गुजारते हुए ही मर जाते हैं तो यह आपकी गलती है। ऐसी महान हस्तियों ने अपना दमखम

दिखाते हुए यह साबित कर दिया है कि जो इंसान अपने दिमाग का जितना अधिक अच्छे से इस्तेमाल करना जानते हैं वो उतने ही अधिक सफल हो सकते हैं। आपके करियर और जिदंगी को अलग पहचान देने वाली इस पुस्तक को पढ़ने के बाद आप खुद मानेंगे कि इस दुनिया में कुछ भी हासिल करना मुश्किल नहीं है। नामुमकिन नाम की कोई चीज नहीं होती। बस अपने लक्ष्य को पाने का मंत्र और जुनून को जगाना पड़ता है।

आप चाहे देश की सबसे बड़ी परीक्षा सिविल सर्विसेस या अन्य किसी जॉब की तैयारी कर रहे हों, देश-विदेश में कोई बहुत बड़ा कारोबार करने के बारे में सोच रहे हों, जिस दिन आपने अपनी प्रतिभा को पूर्ण रूप से विकसित कर लिया, उस दिन से सफलता को पाना आपके लिए बाएं हाथ का खेल बन जाएगा। अपने हर उद्देश्य को पाने की प्रेरणा हम एक छोटी सी डाक टिकट से भी ले सकते हैं। वो चुपचाप बताती है कि 'उस समय तक लिफाफे, अपने लक्ष्य के साथ चिपके रहो, जब तक आप अपनी मंजिल तक नहीं पहुंच जाते।'

एक बात याद रखना कि हमारी जिदंगी बेशक कितनी भी बदरंग क्यों न हो, मेहनत कभी बेकार नहीं जाती, वो एक न एक दिन जरूर रंग लाती है। ऐसे प्रेरक विचारों को अपनाते ही आपके सामाजिक और निजी जीवन में ऐसे बदलाव आएंगे कि लोग आपके हर काम को देख कर कहेंगे कि यह इंसान है या भगवान। इसको किसी परेशानी, असफलता से डर क्यों नहीं लगता। इसके अंदर ऐसा कौन-सा जोश है जिससे यह सफलता की इतनी ऊँची छलांगे लगा पाता है। दुनिया वाले आपके जज्बे और जल्वे को झुक कर सलाम करेंगे।

इस पुस्तक में सफलता के छोटे-छोटे मंत्रों को इस ढंग से संजोया गया है कि आप किसी भी पन्ने को खोल कर उसे पढ़ सकते हैं। हमारी कोशिश यही है कि हर पन्ने की हर लाइन आपको प्रेरणा देने के साथ आपके नज़रिए में सकारात्मक और सार्थक बदलाव ला सके। आज तक आपको जहां चुनौतियां दिखाई देती थीं कल से वही आपको अनेक संभावनाएं दिखने लगेंगी। आपके अंदर छिपे हुए आत्मविश्वास, जोश, जुनून, हिम्मत और हौसलों जैसे सभी गुणों को खूबसूरती से निखार और संवार सके। बिलकुल अनूठे और खूबसूरत स्टाइल की यह पुस्तक आपको बार-बार पढ़ने के लिए मजबूर कर देगी। इसके बाद अब सफलता कभी भी आपका साथ नहीं छोड़ेगी। आपके जीवन का चाहे कोई भी लक्ष्य हो यह अनोखे सकारात्मक

विचार आपको सात समुद्र पार ले जाकर भी विजेता बना देंगे।

इससे पहले भी मेरी 35 पुस्तकें छप चुकी हैं। अनेक किताबों का देश की कई अन्य भाषाओं में अनुवाद भी हो चुका है। लेकिन एक बात मैं दावे से कह सकता हूँ कि यह मेरी अभी तक की सर्वश्रेष्ठ किताब है। आखिर में, मैं सभी पाठकों के साथ "दी बुक लाईन" के श्री सुनील भनोट जी का भी धन्यवाद करना चाहूँगा जिनके सहयोग से मैं अपनी इतनी सारी पुस्तकें आप तक पहुंचा पाया हूँ।

आपसे विनती है कि पहले की तरह अब भी आप अपने विचारों, प्रतिक्रियाओं से अवगत कराते रहेंगे। हमारी यही दुआ कि आप जल्द से जल्द उस मंजिल तक पहुँच पाएं जहां तक जाने का सपना आपने देखा है।

इन्हीं शुभकामनाओं के साथ...

जे.पी.एस. जौली - जौली अंकल
15-16/5, कम्यूनिटी सेंटर
नारायणा, फेज-1, नई दिल्ली-110028
Email: jollyuncle@gmail.com
Web: www.jollyuncle.com
Youtube: www.youtube.com/jollyuncle

लेखक के बारे में

श्री जे.पी.एस. जौली - जौली अंकल मोटिवेशनल लेखक, वक्ता होने के साथ मशहूर ग्राफोलॉजी-हस्तलेखन विज्ञान के भी विशेषज्ञ हैं। इसी के साथ इनका प्रेरणादायक यू-टयूब वीडियो चैनल भी है। इनके बारे में अगर यह कहा जाए कि यह बहुमुखी प्रतिभा के धनी हैं तो शायद गलत न होगा। इनका जीवन बिलकुल खुली किताब की तरह है। यह जिस तरह का जीवन जीते हैं बिलकुल वैसा ही दूसरों के सामने रखते हैं। इन्होंने लेखन क्षेत्र के हर रंग को बहुत करीब से देखा है। इनकी किताबों में इतनी विविधता है कि इनके विचार आपके भविष्य को बेहतर बनाने के साथ जिदंगी को खुशहाल भी बना सकते हैं। 36 पुस्तकों के साथ इनकी लगभग 1000 रचनाएं विभिन्न समाचार पत्रों, पत्रिकाओं में प्रकाशित हो चुकी हैं। जौली अंकल की शुरू में लिखी हुई चंद पुस्तकों को पाठकों ने जब पंसद किया तो उसके बाद उन्होंने कभी पीछे मुड़ कर नहीं देखा। जौली अंकल एक ऐसे अनूठे लेखक हैं कि उनकी हर पुस्तक पढ़ने वालों पर प्रभावशाली असर डालती है। इन्होंने लेखन की जो शैली अपनाई है उसने युवाओं के दृष्टिकोण को एक नई दिशा प्रदान की है। इनकी किसी भी पुस्तक के बारे में बात की जाए तो हर किताब एक से बढ़ कर एक है, उन्हें पढ़ते हुए मन नहीं भरता। इनके द्वारा हिंदी भाषा में लिखी हुई लोकप्रिय पुस्तकें अब देश-विदेश में इंगलिश, पंजाबी, बंगाली, मराठी एवं गुजराती भाषा में भी पंसद की जा रही हैं। पुस्तक प्रेमी उनकी लिखी हुई रचनाओं को सराहने के साथ उनके हर सदेंश को खुशी से अपने जीवन में अपना रहे हैं। पाठकगण जानते हैं कि जौली अंकल की पुस्तकें, वीडियो न सिर्फ उन्हें हमेशा दुनिया से आगे चलने के लिए प्रेरित करती हैं बल्कि उनके जीवन को भी रोशन करने में बहुत मददगार साबित

होती हैं। इनका हर सकारात्मक विचार सुख, समृद्धि और सफलता पाने के लिए एक हथियार की तरह काम करता है। इसीलिए शायद हर पाठक इनसे जुड़ना चाहता है। इनका मानना है कि जिदंगी में असफलता नाम की कोई चीज़ नहीं होती। यह हमें कई बार धोखे देती है, कई बार बुरी तरह से रुलाती है। लेकिन हमें इन बातों से डर कर घबराने की जरूरत नहीं होती। जिस तरह डॉक्टर, वकील अपने पेशे में 'प्रैक्टिस' करते हैं बिलकुल ठीक उसी तरह हमें भी जीवन को खुशहाल बनाए रखने के लिए लगातार अभ्यास यानी 'प्रैक्टिस' करते रहना चाहिए। यह एक छोटा-सा सुझाव किसी की भी जिंदगी में उजाला भर सकता है।

जौली अंकल अपने पाठकों को शुभकामनाएं देते हुए अक्सर कहते हैं कि जिसकी मस्ती जिंदा है, उसी की हस्ती जिंदा है वरना तो यह समझ लो कि हम जबरदस्ती जिंदा हैं। जौली अंकल को अनेक प्रतिष्ठित सम्मानों एवं पुरस्कारों से सम्मानित किया जा चुका है।

प्रकाशक

विषय सूची

1.

सबसे बड़ी सफलता कैसे पाएं

एक बात तो हम सभी अच्छे से जानते हैं कि हमारे जन्म के साथ ही जीवन में दूसरों से आगे निकलने की जंग शुरू हो जाती है। पहले दिन से हमारे दिमाग में यह बात अच्छे से बिठा दी जाती है कि जिदंगी में कामयाब होना है तो हर नये दिन के साथ पहले से ऊंची और बड़ी छलांग लगानी होगी। इन सभी बातों को सुन कर आज हर व्यक्ति अधिक से अधिक धन-दौलत, ताकत, शोहरत, बड़ा रुतबा हासिल करने के लिए दीवाना सा हुआ घूम रहा है। यह सच है कि इन सभी चीज़ों के बिना हम कामयाब नहीं हो सकते। लेकिन क्या यह सब कुछ हासिल कर लेने से हम सफल हो पाएंगे। जिन लोगों के पास यह सब कुछ है वो क्या अपने जीवन में सुखी और खुशहाल हैं? अगर उनके पास अच्छी सेहत और मन की शांति नहीं है तो क्या हम उन्हें सफल इंसान मान सकते हैं। आइए छोटी-छोटी बातों के माध्यम से जानने की कोशिश करें कि जिदंगी में सफलता की सबसे ऊंची छलांग कैसे लगानी चाहिए।

- हमारी हर ख्वाहिश को सिर्फ हमारे कर्म ही हकीकत में बदल सकते हैं।
- रास्ते कितने भी कठिन क्यों न हों लेकिन हमें मजिंल तक वही पहुंचाते हैं।
- पूरी लगन के साथ कोशिश करने वालों की जीवन में कभी हार नहीं होती।
- हमारी सोच और सपने जितने बड़े होंगे कामयाबी भी उतनी ही बड़ी होगी।

- जीवन में अपनी तरक्की के लिए दूसरों पर कभी भी निर्भर नहीं रहना चाहिए।
- जिदंगी में जल्द कामयाब होना चाहते हो तो हर किसी को खुश करना छोड़ दो।
- नीति, नियम और सिद्धांत को मानने वाले ही दुनिया का मार्गदर्शन कर सकते हैं।
- जीवन में बड़े लक्ष्य हासिल करने के लिए कोई भी उम्र छोटी या बड़ी नहीं होती।
- बहादुर योद्धा जंग में जाने से पहले ही जीत के आनंद को महसूस करने लगते हैं।
- अपने जीवन की जंग जीतने के लिए अर्जुन और कृष्ण भी खुद ही बनना पड़ता है।
- मन में सीखने की चाह हो तो इंसान दुनिया का हर काम आसानी से सीख सकता है।
- अपने लक्ष्य तक पहुंचने के लिए हर इंसान को खुद ही अपना रास्ता बनाना पड़ता है।
- बाहर से बड़ा बनने से पहले हमें खुद को भीतर से मजबूत और बड़ा बनाना पड़ता है।
- ज्ञान हो या अनुभव इसे जितना अधिक बांटा जाए, उतनी ही बड़ी कामयाबी मिलती है।
- सफलता से जुड़े ज्ञान के मूल सिद्धांत कितने भी पुराने क्यों न हों वो कभी नहीं बदलते।
- दुनिया के प्रभावशाली व्यक्तियों की हर बात से कुछ सीखने की कोशिश करनी चाहिए।
- जब बात बड़ी सफलता की हो तो पढ़ाई-लिखाई के अलावा सब कुछ छोड़ना पड़ता है।
- अधिक बातें करने की बजाए अधिक काम करने वाले बहुत जल्द अरबपति बन सकते हैं।

- महान लोग सोचने से अधिक नेक विचारों को जल्द से अमल में लाने पर विश्वास करते हैं।
- ज्ञान जहां कहीं से, किसी भी प्रकार का मिल सके उस मौके को कभी नहीं छोड़ना चाहिए।
- आत्मविश्वास के साथ थोड़ी सी मौज-मस्ती हो तो सफल होना काफी आसान हो जाता है।
- दुनिया के महान इंसान भी अनेकों बार असफल होने के बाद ही जीवन में सफल हो पाते हैं।
- हर हीरो की शुरुआत जीरो से ही होती है, आप भी जीरो से शुरू कर के हीरो बन सकते हैं।
- सफल लोग अपने दिल, दिमाग और शारीरिक शक्तियों को एक साथ मिला कर आगे बढ़ते हैं।
- सबसे अधिक आनंद उसी काम को करने से मिलता है जिसे शुरू करने में बहुत डर लगता हो।
- जो इंसान समय के मोल को नहीं समझ सकता उसके लिए सफल होना बहुत कठिन हो जाता है।
- संसार के महान लोग देश और दुनिया के हर पल की जानकारी रखने और जानने में विश्वास रखते हैं।
- अगर आने वाले कल की सफलता का आनंद लेना है तो आज के कष्टों को अनदेखा करना शुरू कर दो।
- दुनिया के सबसे सफल लोग बहुत कम सोते हैं और अधिक से अधिक काम करने की कोशिश करते रहते हैं।
- दूसरों से उम्मीद रखने की बजाए अपनी हर सफलता की खुशी को खुद ही एक उत्सव की तरह मनाएं।
- सफलता ही हर चाह को पूरा करने में जागरूक रहने और जागरूकता बढ़ाने का बहुत बड़ा योगदान होता है।
- किसी भी इंसान के जीवन में सबसे बड़ी खुशी उस दिन होती है जब उसकी मंजिल उसके हाथों में होती है।

- हम अपने लक्ष्य की तरफ पूरा ध्यान तभी लगा सकते हैं जब दूसरे सभी गैरजरूरी कार्यों से ध्यान हटायेंगे।
- हम सभी कुछ खास बनना चाहते हैं लेकिन क्या और क्यों बनना है उसके बारे में भी थोड़ा विचार कर लेना चाहिए।
- तरक्की की राह को आसान बनाने के लिए हमें हर दिन अपने व्यवहार में कुछ न कुछ सुधार करते रहना चाहिए।
- जंगल में शेर हो या हिरन दोनों को ही भागना पड़ता है एक को पेट भरने के लिए, एक को जान बचाने के लिए।
- विद्वान लोगों के मुताबिक जब हम सफलता के बारे में सोचते हैं उस समय हमें कभी भी बेकार के मुद्दों में नहीं उलझना चाहिए।
- सिर्फ कामयाबी की बातें करने से सफलता नहीं मिलती उसके लिए सच्ची लगन से कर्म करना भी अधिक जरूरी होता है।
- ज्ञान की किताबें एकत्र करने से अधिक महत्त्वपूर्ण यह होता है कि उस ज्ञान को सही ढंग से पढ़ कर जीवन में अपनाया जाए।
- आज के दौर में करोड़पति बनने के लिए अपनी मातृभाषा के साथ हमें कम से कम एक विदेशी भाषा भी अच्छे से सीखनी चाहिए।
- कभी भी किसी नये काम को शुरू करने के लिए मुहूर्त का इंतजार नहीं करना चाहिए, प्रभू ने हर पल खूबसूरत और शुभ बनाया है।
- नकारात्मक सोच वालों को सदा अपने से दूर रखना चाहिए वरना वो हमारे सभी सकारात्मक विचारों को नुकसान पहुंचा सकते हैं।
- हर लक्ष्य को पाने का एक ही तरीका है कि जो कुछ कल करना है उसे आज करो, जो कुछ आज करना है, उसे अभी कर डालो।
- किसी भी लक्ष्य को तभी हासिल किया जा सकता है, जब हम अपनी कमजोरियों को पहचान कर उन्हें दूर करने की हिम्मत करते हैं।
- कामयाब होने के लिए सभी खूब मेहनत करने को कहते हैं, लेकिन मेहनत कैसे की जाए उसको समझना भी बहुत महत्त्वपूर्ण होता है।
- महान लोग जब भी कोई एक बड़ा लक्ष्य पाने के बारे में तय कर लेते हैं, उसके बाद वो बाकी के दूसरे कार्यों में समय बेकार नहीं करते हैं।

- दुनिया के सबसे कामयाब लोग अपने हर दिन के एक-एक पल को रचनात्मक और सकारात्मक ढंग से इस्तेमाल करने का हुनर जानते हैं।
- तरक्की पाने के लिए जितना समय हम काम करने में लगाते हैं उतना ही समय हमें उस विषय से जुड़ी किताबों को पढ़ने में लगाना चाहिए।
- हमारे पास अगर कोई बहुत ही अनूठा विचार हो तो उस पर बिना देरी किए तुरंत काम शुरू कर देना चाहिए क्योंकि कल-परसों कभी नहीं आते।
- बड़े से बड़े अमीर आदमी भी सैकड़ों बार जिदंगी में फेल होते हैं, लेकिन वो डर कर हिम्मत नहीं हारते। इसीलिए वो बुलदियों तक पहुंच पाते हैं।
- सफलता के बारे में हम सभी के पास विचार तो बहुत होते हैं लेकिन कामयाब वही हो पाते हैं जो सबसे पहले उन पर अमल करना शुरू कर देते हैं।
- हम सोने, चांदी एवं हीरे जवाहरात की कीमत को तो समझते हैं, लेकिन समय जो इन सभी से अनमोल है, उसको कई बार बेकार में ही गवां देते हैं।
- सिर्फ पैसे को ध्यान में रख कर कभी कोई काम नहीं करना चाहिए। क्योंकि पैसा तो आता-जाता रहता है, सफल लोग सदैव आगे बढ़ने की सोचते हैं।
- आज अगर हम कुछ नया करने के प्रयास शुरू नहीं करते तो कुछ सालों बाद हमें जरूर यह अफसोस होगा कि मैंने यह सब कुछ पहले क्यों नहीं किया।
- पानी जब उबलने लगता है तो वो रेलगाड़ी को भी आसानी से खींच लेता है। हमारे अंदर तो खून है, करिश्मे करने हैं तो एक बार उसे उबाल कर देखो।
- छोटे-छोटे 10 लोगों के साथ काम करने की बजाए किसी एक बड़े कारोबारी के साथ काम करने से बड़ी सफलता को पाने की मंजिल आसान हो जाती है।
- कोई भी बड़ा काम शुरू करने के लिए महान होना जरूरी नहीं होता,

लेकिन हर काम इतनी लगन से किया जाए कि आने वाले समय में जमाना हमें महान कह सके।

- हम अपने खान-पान, रहन-सहन हर चीज़ में बदलाव करते रहते हैं लेकिन इसका असली फायदा तभी मिल सकता है जब हम अपने विचारों में भी बदलाव करते रहें।
- हमारे जन्म के साथ ही हमारे अंदर सैकड़ों इच्छाओं का जन्म होने लगता है, लेकिन सफलता सिर्फ उन्हीं कार्यों में मिलती है जिसमें हम सच्चे मन और जुनून से प्रयास करते हैं।
- शेर का दिल जंगल के सभी जानवरों से छोटा और कमजोर होता है लेकिन सिर्फ अपनी हिम्मत, हौसले और ठाठ से रहने वाले रवैये के चलते वो सदियों से दुनिया के जंगलों में राज कर रहा है।
- एक अक्षर "क्यों" हमें आसमान की बुलदिंयों तक पहुंचा सकता है। बस सिर्फ हमें इतना याद रखना होगा कि हम जो भी कार्य कर रहे हैं, वो क्यों कर रहे हैं और अगर नहीं कर रहे हैं तो क्यों नहीं कर रहे हैं।
- किसी भी काम को शुरू करने से पहले उसके बारे सोचना अच्छी बात है, लेकिन इस बात का ध्यान रखना भी जरूरी है कि कहीं हम सोचते ही रह जाएं और दूसरे लोग हमारे से पहले उस काम को करके सारी मलाई खा जाएं।

2.

अपने हुनर को पहचानो

आज के युग में किसी भी विषय के बारे में जानकारी पाना बहुत ही आसान हो गया है। सिर्फ अपने आसपास की ही नहीं दुनिया के हर कोने की जानकारी गूगल के माध्यम से चंद मिनटों में हासिल की जा सकती है। जिस प्रकार एक बीज़ को देख कर कोई साधारण इंसान उसके अंदर छिपे हुए गुणों को नहीं समझ सकता कि इस बीज़ से कब और किस किस्म के कितने फल मिलेंगे। उसी तरह हम में से अधिकतर लोग खुद के बारे में ज्यादा कुछ नहीं जानते। सबसे अच्छी बात यह है कि खुद को समझने के लिए किसी किस्म की पढ़ाई-लिखाई की जरूरत नहीं होती। यहां तक कि भगवान जिन लोगों को आंखें देना भूल जाता है वो भी आसानी से अपने अंदर के हुनर को देख और समझ सकते हैं। जिस दिन हम अपने अंदर छिपी हुई शक्तियों, गुणों के बारे में ठीक से जान लेते हैं उस दिन हमें समझ आता है कि जीवन जीने और उसे संवारने में इसकी कितनी अहम भूमिका है। जिस इंसान को अपने बारे में थोड़ा-सा भी ज्ञान हो जाता है, उसे फिर यह जानने में देर नहीं लगती कि हमारे अंदर सचमुच कितने अनमोल रचनात्मक एवं सृजनात्मक गुणों का खज़ाना छिपा हुआ है। इस अध्याय में हम अपने अंदर छिपे हुए रचनात्मक गुणों के साथ उन सभी संभावनाओं को तलाशने की कोशिश करेंगे जिनसे अपने जीवन को बेहतरीन बनाया जा सकता है।

- सबसे पहले एक बात मान लो कि "आप सब कुछ कर सकते हो।"
- आपके पास इतनी ताकत है कि आप श्रेष्ठ नहीं सर्वश्रेष्ठ बन सकते हो।

- आस, प्रयास और विश्वास के दम पर सारी दुनिया को जीता जा सकता है।
- इस दुनिया के जो भी महान व्यक्ति हमें प्रेरित करते हैं उन्हें सदैव याद रखो।
- जब बात बुलदियों को छूने की हो तो संघर्ष भी उतना ही अधिक कठिन होगा।
- जिदंगी हमें तभी प्यार करती है जब हम पहले उससे प्यार करना शुरू करते हैं।
- आत्मविश्वास बढ़ाने के लिए हमें सबसे पहले अपनी कमजोरियों को ढूंढ़ना होगा।
- प्यार करना हो या किसी तरह की प्रतिस्पर्धा, सफल बनना है तो सिर्फ खुद से करो।
- माँ-बाप से तो सिर्फ प्यार मिलता है, अपनी पहचान तो हमें खुद ही बनानी पड़ती है।
- जीवन में कुछ बनना है तो "पारस" की तरह बनो वरना लोहे की कद्र कौन करता है।
- मैं श्रेष्ठ हूँ, इसे आत्मविश्वास कहते हैं, सिर्फ मैं ही श्रेष्ठ हूं, इसे अंहकार कहा जाता है।
- जिस दिन हम अपने जीवन में कुछ नया नहीं करते समझो वो दिन हम ने बेकार कर दिया।
- जो व्यक्ति अपनी अंदरूनी शक्तियों को पहचान लेता है जमाना उनके आगे सिर झुकाता है।
- जो कुछ और जितना हमारे पास है हमें आगे बढ़ने की शुरुआत उसी के साथ ही करनी चाहिए।
- किसी दूसरे को बुरा कहने से पहले हमें एक बार अपना चश्मा जरूर साफ कर लेना चाहिए।
- दूसरे लोगों को हम तभी जीत सकते हैं, जब हम सबसे पहले खुद को जीतने का हुनर सीखें।

- आज तक कोई भी ऐसा व्यक्ति असफल नहीं हुआ जिसकी नीयत अच्छी और मेहनत सच्ची हो।
- सबसे बेहतर बनने का एक ही तरीका है कि हर दिन खुद को पहले से थोड़ा बेहतर बनाते रहो।
- हम अपनी छुट्टी का दिन जिस तरह से गुजारते हैं उसी के मुताबिक हमारा जीवन बनने लगता है।
- भाषाओं का अनुवाद किया जा सकता है, लेकिन दिल की भावनाओं को प्यार से समझना पड़ता है।
- अपनी पहचान, ताकत और सपनों का रिमोर्ट कभी किसी दूसरे व्यक्ति के हाथ में नहीं देना चाहिए।
- हम कोई भी काम तभी शांत मन से कर पाते हैं जब सबसे पहले हमारा दिल और दिमाग शांत हो।
- किताबों से प्यार करने वाले जानते हैं कि अगर यह बेकार भी हुई तो भी काबिल तो बना ही जाएगी।
- हमारे माँ-बाप सिर्फ हमारा नाम रखते हैं, जमाने में उसे चमकाने का काम हमें खुद ही करना पड़ता है।
- हमारे अंदर भी दूसरों की तरह बहुत सारी खूबियां हैं, इसलिए कभी भी खुद को दूसरों से कम मत आंकों।
- थोड़े से आराम को छोड़ने से अगर बड़ी सफलता मिलती हो तो उस आलस्य को तुरंत छोड़ देना चाहिए।
- यदि आप अपनी जिदंगी सिर्फ टाईम पास करते हुए नहीं गुजारना चाहते तो सबसे पहले खुद को पहचानों।
- महान लोग चमकते सितारों की तरह होते हैं, परंतु दिखाई तभी देते हैं जब समाज में अंधकार छाने लगता है।
- जो इंसान खुद की शक्तियों को पहचान लेता है वो दूसरों की सोच से कहीं अधिक बड़े कारनामे कर जाता है।
- दिल और दिमाग के करीब जाते ही हमें यह समझ आने लगता है कि सफलता के सारे गुण हमें अपने अंदर से ही मिलेंगे।

- किसी की शक्ल-सूरत बेशक कैसी भी हो जमाने में हर व्यक्ति की असली कद्र तो उसकी काबिलियत से ही होती है।
- जब तक हम दूसरों के सपनों को पूरा करते रहेंगे, उस समय तक हम अपने किसी सपने को हकीकत नहीं बना सकते।
- कुछ दोस्त कमियां निकालने वाले भी जरूरी होते हैं क्योंकि हर दिन सिर्फ तारीफ सुन कर आगे नहीं बढ़ा जा सकता।
- बुद्धिमान लोग अपनी कमियों को उसी तरह दूर कर लेते हैं जैसे एक स्वर्णकार अपने सोने की अशुद्धियों को दूर करता है।
- जो व्यक्ति अपने दिल और दिमाग को समझने का हुनर सीख लेता है उसे फिर किसी दूसरे गुरु की जरूरत नहीं पड़ती।
- अगर भीड़ से अलग दिखना चाहते हो तो फिर वो जो कुछ आसानी से नहीं हो सकता वो सब कुछ करके दिखाना होगा।
- हमारी जिदंगी में कुछ लोग दुआ और आशीर्वाद बन कर आते हैं। कुछ सिर्फ कोई नया सबक सिखाने के लिए ही आते हैं।
- अगर आपको लगता है कि आप कुछ नहीं कर सकते, इसके बावजूद भी थोड़े से प्रयास करने से आप कमाल कर सकते हो।
- जमाने में अगर अपनी अलग पहचान बनानी है तो कुछ ऐसे काम कर के दिखाओ, जिसे आज तक किसी ने ना किया हो।
- हर इंसान में एक जैसी शक्तियां होती हैं, फर्क सिर्फ इतना होता है कि हम उन ताकतों का किस हद तक इस्तेमाल कर पाते हैं।
- कुछ बनने के लिए तो बहुत सारे लोग सपने देखते हैं आप कुछ ऐसा करो जिससे दुनिया को कुछ अनूठे करिश्मे दिखा सको।
- हमारे पास ज्ञान रूपी कितने भी शब्द हों लेकिन जब तक वो किसी का सही ढंग से मार्गदर्शन नहीं कर पाते वो सभी बेकार हैं।
- छोटे-मोटे काम करके प्रसिद्ध होना तो आसान होता है, असली पहचान तो खुद को सबसे अनूठा सिद्ध करने से ही मिलती है।
- हमारे जीवन की कहानी बेशक कुछ भी हो, बस उसमें यह कभी न लिखा हो कि इस इंसान ने हारने से पहले हार मान ली थी।

- जो कुछ आज तक हमारे पास नहीं है, अगर उसे पाना है तो हमें वो सब कुछ करना होगा जो कुछ आज तक हमने नहीं किया।
- दूसरे लोग हमारे बारे में कुछ भी कहते रहें उससे परेशान होने की जरूरत नहीं क्योंकि वो हमारे बारे में हमसे अधिक नहीं जानते।
- किसी के पैरों में गिर कर कभी कुछ नहीं मिलता, जीवन में कुछ अनूठा करना है, तो अपने पैरों पर चल कर ही आगे बढ़ना होगा।
- अपने मन की किताब को पढ़ने के लिए हमें न तो किसी खास भाषा का ज्ञान जरूरी होता है और न ही किसी कॉलेज़ की डिग्री की।
- अगर हम अपने सपनों को सच करने का प्रयास नहीं करते तो कोई दूसरा व्यक्ति हमें अपना गुलाम बना कर उन्हें हकीकत में बदल लेगा।
- कुछ भी नया करने से पहले हमें यह जानना चाहिए कि हम कौन हैं, हमारे पास क्या-क्या गुण हैं और हमारी जिदंगी का मकसद क्या है?
- लोग हमारे बारे में क्या सोचते हैं, इससे कुछ खास फर्क नहीं होता, देखने वाली बात तो यह है कि हम अपने बारे में क्या सोच रखते हैं।
- अगर आप किसी ऐसे इंसान को खोज़ रहे हैं जो आपको बड़ी सफलता दिला सके तो जल्दी से आईने के सामने खड़े हो जाईये, वो वहीं मिलेगा।
- हमारे पास कितने भी अनमोल विचार क्यों न हों लेकिन हमें उस समय तक उसका लाभ नहीं मिल पाता जब तक हम उनकी बारीकियों को नहीं समझते।
- एक बात सदा याद रखनी चाहिए न तो कोई हमारे जैसा है और न ही हम किसी दूसरे के जैसे। इसलिए कभी भी अपनी तुलना दूसरों के साथ मत करो।
- दूसरों की गलतियां देख कर हमें बहुत खुशी महसूस होती है लेकिन हम अपनी कमजोरियों को देखने के लिए कभी भी अपने अंदर झांकने की कोशिश नहीं करते।
- समय के साथ सब कुछ बदल जाता है घर में लगे शीशे को हर कोई सुबह-शाम देखता है, परंतु जिस दिन वो टूट जाता है हर कोई उससे बच कर निकलता है।

- कुछ लोग पढ़ाई–लिखाई पूरी करते ही दूसरों को बहुत उपदेश देने लगते हैं, लेकिन नेक गुणों को अपने जीवन में उतारना भूल जाते हैं। ऐसे लोगों का सारा ज्ञान बेकार होता है।
- खुद को जानने की कोशिश में सबसे पहली बात तो यह समझ आती है कि भगवान ने हमें न सिर्फ दूसरों से अलग बनाया है, बल्कि बहुत कुछ अनोखा करने की प्रतिभा भी दी है।
- गुणी–ज्ञानी लोग हर बात को अधिक से अधिक सुनते, देखते और समझते हैं, मगर बोलते बहुत कम हैं। क्योंकि वो अच्छे से जानते हैं कि हमारा सबसे अधिक नुकसान फालतू बोलने से ही होता है।
- कभी भी दूसरे लोगों के सामने खुद को सबसे बेहतर साबित करने की भूल नहीं करनी चाहिए। हम बेशक कितनी भी अच्छी बातें क्यों न कर लें, हर इंसान अपनी सोच के मुताबिक ही हमारा आकलन करता है।

3.

सही निर्णय कैसे लें

कोई इंसान छोटा हो या बड़ा। वो सरकारी अफसर हो या कोई व्यापारी हर किसी को प्रतिदिन कुछ खास निर्णय लेने ही पड़ते हैं। आमतौर पर यह कहा जाता है कि अच्छे निर्णय लेने की काबिलियत सिर्फ अनुभव से ही आती है। अनुभव हमें जिदंगी में या तो गलतियों से या गलत निर्णय लेने से मिलता है। कोई भी फैसला करते समय हमें सबसे बड़ी परेशानी यह दिखाई देती कि आगे बढ़ने से पहले कुछ छोड़ना पड़ता है। जब तक हम अपना पीछे वाला कदम नहीं उठाएंगे हम आगे नहीं बढ़ सकते। अब यह तो कभी भी मुमकिन नहीं होता कि हम जो भी निर्णय लेंगे वो बिलकुल हमारी मन-मर्जी मुताबिक ही होगा। देश के जाने-माने उद्योगपति रतन टाटा कहते हैं मैं जब भी निर्णय लेता हूं उस समय मैं यह नहीं सोचता कि यह सही होगा या गलत। लेकिन मैं जो भी फैसला लेता हूं उसको सही बना देता हूं। ऐसे महान और सफल लोगों को देख कर लगता है इन्होंने अपने समय में सही निर्णय लिए थे। जिस भी व्यक्ति को जीवन में कुछ बड़ा बनना है तो उसके लिए सबसे पहले अच्छे निर्णय लेने की क्षमता को अच्छे से विकसित करने की जरूरत होती है। ऐसा इसलिए जरूरी होता है क्योंकि हमारा जीवन अनमोल है, हमारे हर निर्णय का उस पर गहरा प्रभाव पड़ता है। किसी भी फैसले का महत्त्व इस बात से समझ आता है कि सही ढंग से लिया गया एक निर्णय साधारण से इंसान को भी फर्श से उठा कर अर्श तक पहुंचा सकता है।

- बुद्धिमान लोग कभी भी एक पक्ष को देख कर कोई निर्णय नहीं लेते।

- जल्दी फैसले लेना और जल्दबाजी में फैसले लेने में बहुत फर्क होता है।
- एक बार जो फैसला ले लिया जाए, फिर उससे पीछे कभी नहीं हटना चाहिए।
- अपने सपनों को सच करने वाले कभी भी उन्हें किस्मत के भरोसे नहीं छोड़ते।
- कई बार एक पल में लिया गया निर्णय सारी उम्र हमें प्रभावित करता रहता है।
- मन में ईर्ष्या की भावना हो तो हमारी सफलता कभी भी स्थाई नहीं रह पाएगी।
- जब तक तुम्हारे खून में गर्मी है, असफलता तुम्हारे नज़दीक भी नहीं आ सकती।
- सही समय पर सही निर्णय लेने वाले ही दूसरों से आगे बढ़ कर सफल हो पाते हैं।
- हमारी जिदंगी जीने का रुख वही फैसले बदलते हैं जो सबसे अधिक कठिन होते हैं।
- भावनाओं में बह कर लिए गये निर्णय अक्सर हमें बाद में बड़ा नुकसान पहुंचा सकते हैं।
- उम्मीद के साथ जिद्द मिल जाए तो कामयाबी की राह काफी हद तक आसान हो जाती है।
- जब कभी हम अपनी तुलना दूसरों से करते हैं तो हमारा आत्मविश्वास डगमगाने लगता है।
- थोड़े समय की खुशी या सुख को ध्यान में रख कर कभी भी कोई निर्णय नहीं लेना चाहिए।
- जब तक मन में से संकोच और दुविधा को दूर नहीं करेंगे हम सदैव डर के साये में ही जीते रहेंगे।
- जो काम दुनिया वालों को मुश्किल लगता है उसी को कर दिखाने में ही असली मज़ा आता है।

- बेकार की भावनाओं और उलझनों में जीने वाले लोग कभी किसी दिशा में ठीक से आगे नहीं बढ़ पाते।
- हवाई जहाज के पायलट को कई बार एक सैकण्ड से भी कम समय में कई महत्त्वपूर्ण फैसले करने पड़ते हैं।
- बड़ी जिम्मेदारियां निभाने वाले अफसर छोटी-छोटी बातों को याद रख कर अपने मन को बेचैन नहीं होने देते।
- हमें कम से कम उस समय तक तो लगातार चलते ही रहना चाहिए जब तक हम मंजिल तक नहीं पहुंच जाते।
- जिद्द करने वाले वो सब कुछ भी हासिल कर लेते हैं, भगवान जो कुछ उनकी किस्मत में लिखना भूल जाता है।
- निपुण बनने में तो सारी उम्र लग जाती है, इसलिए निपुण बनने से पहले सफल होने का प्रयास करना चाहिए।
- जब तक हमारा शरीर या मन थकावट महसूस करता रहेगा, हम कभी भी अपनी मंजिल तक नहीं पहुंच पाएंगे।
- अपना हर फैसला लेने से पहले हमें उन लोगों से भी राय लेनी चाहिए जिसके ऊपर उसका प्रभाव पड़ सकता है।
- जीवन से जुड़े किसी भी मुद्दे पर फैसला लेने से पहले हमें उससे जुड़े सभी पहलुओं को अच्छे से परख लेना चाहिए।
- बुद्धिमान बूढ़े लोग युवाओं की बातों में ध्यान देने की बजाए सिर्फ यह देखते हैं कि वो नया क्या कुछ कर रहे हैं।
- हमारे जीवन की सबसे बड़ी असफलता उस समय होती है जब हम सफल होने के लिए प्रयास करना छोड़ देते हैं।
- एक बार अगर सही फैसला ले लिया जाए तो फिर बाद में काफी कम मेहनत से भी सफलता मिल सकती है।
- जब तक हमारे अंदर पूर्ण रूप से आत्मविश्वास पैदा नहीं होता हम हर बात पर दूसरों को स्पष्टीकरण ही देते रहेंगे।
- कोई भी निर्णय लेते समय जरूरत से ज्यादा समय नहीं लगाना चाहिए वरना उसका फायदा कोई दूसरे लोग ले जाएंगे।

- हर फैसले को फाइनल करने से पहले उसके सकारात्मक और नकारात्मक प्रभाव को समझना बहुत ही जरूरी होता है।
- हमारा हर फैसला सदैव सही नहीं होता लेकिन अगर हम चाहें तो अपने हर फैसले को सही दिशा में आगे बढ़ा सकते हैं।
- हम अपनी जिदंगी से जुड़े जितने जल्दी और अच्छे फैसले लेते हैं उसी के मुताबिक ही हमारा भविष्य बनना शुरू होता है।
- महान लोग अपने फैसलों से दुनिया बदल देते हैं, जबकि छोटी सोच वाले दुनिया के डर से अपने ही निर्णय बदलते रहते हैं।
- लगातार दूसरों से उम्मीद रखने पर हमारा दिमाग यह मानने लगता है हमारे अंदर कुछ भी करने की काबिलियत नहीं है।
- दुनिया के सभी महान लोगों में एक बात सामान्य रूप से जरूर देखने को मिलती है कि वो सभी सही निर्णय लेने में निपुण होते हैं।
- बड़े पद को पाने के लिए समय जरूर लगता है लेकिन मेहनत और त्याग हमें एक न एक दिन वहां तक जरूर पहुंचा देते हैं।
- किसी भी बात पर निर्णय लेते समय इस बात का जरूर ध्यान रखें कि यह हमारे लक्ष्य को पाने में कितनी अधिक मदद करेगा।
- उम्र बड़ी हो या छोटी उससे कोई खास फर्क नहीं पड़ता, जिदंगी में फर्क तो सिर्फ सोच से आता है कि हमारी सोच कितनी बड़ी है।
- हम जैसे भी हैं हमें खुद को उसी हालत में स्वीकार करना चाहिए। इसलिए कभी भी अपनी तुलना दूसरों से नहीं करनी चाहिए।
- हर इंसान के जीवन की अलग समस्याएं होती हैं, इसलिए सफल होने के लिए कभी किसी दूसरे की नकल नहीं करनी चाहिए।
- जो लोग हार-जीत, विजय-पराजय की परवाह किए बिना लगातार प्रयास करना जानते हैं, आखिर में सफलता उन्हीं को ही मिलती है।
- यह सच है कि जीवन में अपने लोग ही काम आते हैं। लेकिन कौन कितना अपना है, इसकी परख करना भी जरूरी होता है।
- सफलता की राह में आने वाले कांटों से कभी नहीं डरना चाहिए क्योंकि सबसे खूबसूरत गुलाब का फूल ही कांटों के बीच मुस्कुराता है।

- जब तक हम अपनी सुख–सुविधाओं को छोड़ कर बाहर नहीं निकलते हम अपने किसी भी लक्ष्य को पाने के बारे में सोच भी नहीं सकते।
- हर समय जागरूक रहने का मतलब सिर्फ जानकारी एकत्र करना नहीं होता, बल्कि यह मंजिल तक पहुंचने का जरिया होता है।
- अपने सबसे करीबी मित्र को भी अपनी सभी निजी बातें नहीं बतानी चाहिए क्योंकि कोई नहीं जानता कि कब कौन–सा मित्र हमारा शत्रु बन जाए।
- जिदंगी में सबसे बड़ी मंजिल तक पहुंचने के लिए हमारा शरीर एक वाहन की तरह काम करता है, इसलिए इसका भी पूरा ध्यान रखना चाहिए।
- अगर कोई चीज़ हमें अच्छी भी लग रही हो मगर वो आने वाले समय में हमारी कामयाबी में बाधा बन सकती है तो उसे तुरंत छोड़ देना चाहिए।
- कोई भी बड़ा निर्णय सिर्फ दिमाग में सोच कर नहीं लेना चाहिए बल्कि उसे एक कागज पर लिख कर अच्छे से विश्लेषण करना भी जरूरी होता है।
- महान लोग कभी भी यही नहीं देखते कि उन्होंने कितना कुछ कर लिया है, उनका सारा ध्यान तो सिर्फ इस बात पर होता है कि क्या कुछ करना बाकी है।
- सही और गलत का निर्णय तो कोई भी आसानी से कर सकता है, लेकिन हमें बेहतर और बेहतरीन में किसी एक को चुनने का हुनर भी सीखना चाहिए।
- किसी भी व्यक्ति के सभी फैसले कभी भी ठीक नहीं हो सकते, लेकिन बुद्धिमान लोग अपने हर फैसले को हालात के मुताबिक ठीक करने की ताकत रखते हैं।
- बड़ा ओहदा पाने के साथ ही हमारी जिम्मेदारियां भी और तेजी से बढ़ने लगती हैं। इसलिए कड़ी मेहनत के साथ जीवन में कुछ बदलाव करना भी जरूरी होता है।
- हम अपना सारा दिन अपने मन में उठने वाले विचारों के मुताबिक

ही चला पाते हैं, इसलिए अपने दिल और दिमाग में सदैव रचनात्मक विचारों को ही जगह दें।

- महान व्यक्ति अपने जीवन के कुछ खास रहस्यों को कभी किसी के साथ शेयर नहीं करते, क्योंकि वो जानते हैं इससे उनके जीवन का बहुत नुकसान हो सकता है।
- हमें अपना व्यक्तित्व पहाड़ की तरह इतना मजबूत बनाना चाहिए कि उसके ऊपर किसी तरह की अच्छाई, आलोचना या झूठी तारीफ का कोई असर न हो सके।
- लक्ष्य तय करने के बाद हमें अपना सारा ध्यान उसे पूरा करने में लगाना चाहिए, अगर किसी कारण से वो लक्ष्य पूरा नहीं हो पाता तो भी निराश होने की जरूरत नहीं होती।
- अपने करियर की नींव को मजबूत बनाने के लिए जहां तक मुमकिन हो सके दूसरों की मदद करते रहना चाहिए। क्योंकि आने वाले समय में यही लोग हमारे सहायक बन कर हमारी मदद करते हैं।
- सफलता पाने के लिए कभी भी अंधी दौड़ का हिस्सा नहीं बनना चाहिए। जीवन के लक्ष्य को पाने में समय लगता है, लेकिन इसका यह मतलब नहीं होता कि हम उसके लिए जीना ही छोड़ दें।
- विद्वान लोग बताते हैं कि इस दुनिया में बरगद का पेड़ सबसे बड़ा और उसका बीज़ एक राई के दाने से भी छोटा होता है। इसी तरह हमारे जीवन का मकसद चाहे कितना भी बड़ा हो उसकी शुरुआत एक छोटे से कदम से होगी।

4.

हौसलों की उड़ान

हम लोग जब अपनी पढ़ाई पूरी करने के बाद कॉलेज से निकलते हैं तो हमें ऐसा महसूस होता है कि अब तो परेशानियों के दिन खत्म हो गये। आज से हमारे पास बढ़िया-सी गाड़ी, बड़ा-सा घर और मौज़-मस्ती भरा जीवन होगा। लेकिन असल सच्चाई इससे कोसों दूर होती है। वो यह है कि हमारे जीवन की असली जंग यहीं से शुरू होती है। दूर के ढोल सुहावने वाली कहावत यहां पर बिलकुल खरी उतरती है। लेकिन इसमें डरने या घबराने की कोई बात नहीं है। इस सच्चाई को भी नकारा नहीं जा सकता कि आज किसी के पास इतना समय नहीं है कि वो हमारे लिए एक शानदार जिदंगी की शुरुआत करने में हमारी मदद कर सके। यह एक ऐसी लड़ाई है जो हमें खुद ही लड़नी पड़ती है। हमने यूपीएससी आईएएस या अन्य किसी बड़े एग्जॉम की तैयारी करनी हो, अपना व्यापार शुरू करना हो, मुश्किलें तो हर मोड़ पर हमारा रास्ता रोकेंगी। लेकिन हमें सिर्फ एक बात को ध्यान में रखना चाहिए कि कोई भी चुनौती इंसान के हौसले से बड़ी नहीं होती। इसलिए सफलता के इस सफर को कामयाब बनाने के लिए सबसे जरूरी है हमारी हिम्मत और हौसला। विद्वान लोग अक्सर कहते हैं कि हौसले भी क्या अज़ीब चीज हैं, यह हकीम लुकमान की दवा से भी ज्यादा ताकत देते हैं। हौसलों की उड़ान को आगे बढ़ाते हुए इतना ही कहा जा सकता है कि मंजिले क्या हैं, रास्ते क्या हैं, जब मन में हिम्मत और हौसला हैं तो फिर फासले क्या हैं। आइए आज हिम्मत और हौसलों की असली ताकत को समझें ताकि हमारा आने वाला कल बेहतर बन सके।

- सिर्फ अपने हौसलों के दम से ही हमारी पहचान बनती है।
- अपनी हिम्मत से बनाई हुई पहचान सारी उम्र कायम रहती है।
- हिम्मत से हारना अलग बात है, परंतु कभी भी हिम्मत नहीं हारनी चाहिए।
- हौसलों में दम होना चाहिए, कोई भी बाजी कभी भी पलटी जा सकती है।
- किस्मत किसी इंसान को तो हरा सकती है, लेकिन उसके हौसलों को नहीं।
- सबसे बड़ा ओहदा पाना है तो आज से घड़ी देख कर तैयारी करना छोड़ दो।
- लक्ष्य जितने बड़े और ऊंचे हों विचारों में उतनी ही अधिक गहराई होनी चाहिए।
- रास्ते तो अक्सर दुर्गम ही होते हैं, हौसलों से ही आगे बढ़ते रहने का दम आता है।
- जिदंगी की जंग में हार को जीत में बदलने के लिए पागलपन भी जरूरी होता है।
- जो मैदान में डटे रहना जानते हैं, वो हर मंजिल को फतेह करके ही चैन से बैठते हैं।
- मन में जिद्द और जुनून हो तो फिर किसी भी लक्ष्य को आसानी से पाया जा सकता है।
- जोश, जज्बे और जुनून के बिना किसी भी सपने को हकीकत में नहीं बदला जा सकता।
- मेहनत करने वाले जानते हैं कि किस्मत उनके सपनों को पूरा होने से नहीं रोक सकती।
- सफलता के द्वार उन्हीं लोगों के लिए खुलते हैं जो उन्हें खटखटाने का हौसला रखते हैं।
- हालात कितने भी बुरे क्यों न हों, उनमें से कुछ न कुछ अच्छा हासिल किया जा सकता है।

- कामयाबी छोटी हो या बड़ी बिना हिम्मत और हौसले के उसे हासिल नहीं किया जा सकता।
- भविष्य को देखने, समझने और संवारने के लिए बड़े "विजन" का बहुत बड़ा योगदान होता है।
- जो मंजिल को पाने का जुनून लेकर घर से निकलते हैं वो रास्ते में मील के पत्थर नहीं देखते।
- मन में उत्साह और हौसला पैदा किए बिना कुछ भी नया रचनात्मक कार्य नहीं किया जा सकता।
- बिना हिम्मत और हौसलों के किसी भी लक्ष्य को हासिल करने के बारे में सोचा भी नहीं जा सकता।
- हमारी काम करने की क्षमता, गति और दिशा हमारी कामयाबी में बहुत ही अहम रोल अदा करती है।
- ज्ञान में किसी किस्म की शक्ति नहीं होती, असली ताकत तो ज्ञान को अमल में लाने से उत्पन्न होती है।
- जो कुछ करना है, उसे आज ही करो क्योंकि आने वाले कल की तस्वीर आज तक किसी ने नहीं देखी।
- सफलता किसी की भी शक्ल-सूरत नहीं देखती वो तो सिर्फ मेहनत करने वालों से ही प्यार करती है।
- हम सपने में भी जितना नहीं सोच सकते उससे कहीं अधिक हिम्मत और हौसला हमारे अंदर होता है।
- मंजिलें भी जिद्दी हैं, रास्ते भी जिद्दी हैं, आगे देखेंगे क्या होता है क्योंकि हमारे हौसले भी बहुत जिद्दी हैं।
- मजिंल कोई भी हो, हौसलों के साथ आगे बढ़ने वालों का स्वागत कामयाबी खुद आगे बढ़ कर करती है।
- करोड़पति लोग दूसरों से मुकाबला करने की बजाए हर दिन खुद से ही संघर्ष करने में विश्वास रखते हैं।
- हौसलों में न जाने कौन-सी जादुई शक्ति होती है कि यह साधारण से इंसान में भी अद्‌भुत जोश भर देती है।

- मंजिल और रास्ते तो हमेशा अपनी जगह पर ही रहते हैं, हम ही कई बार हिम्मत हार कर उन्हें छोड़ देते हैं।
- अपने वचन पर कायम रहने वाले व्यक्तियों को कभी भी जिदंगी में गिरावट का सामना नहीं करना पड़ता।
- बुलंद हौसले एवं इरादे वाले उस समय तक नहीं रुकते जब तक वो अपनी किस्मत को खुद नहीं बदल लेते।
- काम करने से ही नाम होता है, इसलिए दुनिया को कुछ करके दिखाना है तो हर दिन कुछ नया काम करो।
- बात जिदंगी की हो या किसी परीक्षा की बाजी जीतनी है तो असफलता के डर को सबसे पहले मिटाना होगा।
- कामयाबी की राह पर चलने वाले मुसाफिर जानते हैं कि अगर रास्तों से दिल लगाओ तो मंजिल बुरा मान जाती है।
- उस डगर पर चलने का मज़ा ही अलग है जिस पर एक-एक कदम हिम्मत और हौसले के साथ बढ़ाना पड़ता है।
- जिदंगी में मुश्किलें भी सिर्फ उन्हीं के हिस्से आती हैं जो उनका हिम्मत और हौसले से मुकाबला कर सकते हैं।
- सबसे सफल लोग जिम्मेदारी मिलने का इंतजार नहीं करते, वो खुद आगे बढ़ कर ऐसे मौके का लाभ उठा लेते हैं।
- जब तक हम समय को पैसे से अधिक एहमियत नहीं देंगे उस समय तक अपने सपनों को हकीकत नहीं बना सकते।
- जिदंगी में जब भी कुछ करो, कुछ ऐसा अनूठा करो कि नाम की पहचान के साथ वो जमाने में मिसाल बन जाए।
- अनूठे कारनामे सूरज की तरह होते हैं, उन्हें दिखाने की जरूरत नहीं पड़ती, वो खुद ही जमाने के सामने आ जाते हैं।
- जब तक मन से कुछ खोने का डर नहीं निकालेंगे उस समय तक हम जीवन में कुछ भी बड़ा हासिल नहीं कर पाएंगे।
- जो लोग यह सोचते हैं कि वो बहुत छोटे और अकेले हैं वो कुछ नहीं कर सकते, उन्हें एक मच्छर से सीख लेनी चाहिए।

- हर काम के शुरू में कई बार असफलता से सामना होता है, लेकिन उससे डरने या घबराने की कोई जरूरत नहीं होती।
- किसी काम को "हम कर सकते हैं" या "हम नहीं कर सकते" यह दोनों बातें ही ठीक हैं, फर्क तो सिर्फ नजरिये का होता है।
- आसमान में सितारे तो कुदरत चमका देती है, छाती और कंधे पर सितारे हमें अपने दम पर ही लगाने और चमकाने पड़ते हैं।
- इंतजार करने से सफलता कभी नहीं मिलती, कामयाब होना है तो उठो और आगे बढ़ो क्योंकि वक्त बहुत तेजी से दौड़ रहा है।
- कष्ट और कठिनाइयां तो आम लोग देखते हैं, हौसलों की उड़ान भरने वालों की निगाहें तो सिर्फ अपनी मंजिल पर टिकी होती हैं।
- धैर्य की महिमा का अंदाजा इस बात से लगाया जा सकता है कि समय के साथ-साथ कोयला भी अनमोल हीरा बन जाता है।
- हालात कभी भी हमारी इच्छा के मुताबिक नहीं होते इसलिए हमें हर प्रकार के हालात से मुकाबला करने के लिए तैयार रहना चाहिए।
- हिम्मत और हौसलों पर विश्वास रखने वाले अच्छे से जानते हैं कि कोई भी मंजिल ऐसी नहीं है, जहां तक हम नहीं पहुंच सकते।
- अगर हम अपने गुणों और शक्तियों का सही ढंग से इस्तेमाल नहीं करते तो हम अपने ही हाथों अपने जीवन को बेकार कर देते हैं।
- हर व्यक्ति को अपने सारे सपने खुद ही पूरे करने पड़ते हैं, हालात और दुनिया वाले तो सफलता के बाद ही साथ निभाने आते हैं।
- पानी अगर अपनी दृढ़ता के दम पर पहाड़ को काट सकता है, तो हम अनेक करिश्मे कर सकते हैं, क्योंकि हमारे अंदर तो खून है।
- हम बहुत सारे मौकों का लाभ केवल इसलिए नहीं उठा पाते क्योंकि आत्मविश्वास की कमी के कारण हम उन्हें शुरू करने से डरते रहते हैं।
- जिदंगी की जंग वही व्यक्ति जीत पाता है जो यह सोचता है कि मुझे हर हाल में जीतना ही है जबकि शक्तिशाली व्यक्ति अक्सर हार जाते हैं।
- कामयाबी की बुलदिंयों तक वही इंसान पहुंच पाता है जो झुक कर चलना जानते हैं क्योंकि किसी भी पहाड़ पर अकड़ कर नहीं चढ़ा जा सकता।

- मजबूत इरादे वाले किस्मत की परवाह नहीं करते। उनका मानना है कि अगर यह रूठती है तो रूठने दो परंतु अपनी हिम्मत को कभी मत टूटने दो।
- भगवान समय तो सभी को एक जैसा देता है, परंतु कुछ लोग उसे सोने में तबदील कर लेते हैं तो कुछ उसे सोने में गुज़ार कर बेकार कर देते हैं।
- आजकल हर आदमी सफल होने के लिए दिन-रात मेहनत कर रहा है अगर आपको उनसे आगे निकलना है तो उसके लिए कुछ और अधिक मेहनत करनी पड़ेगी।
- आज तक कोई भी इंसान न तो भविष्य को देख पाया है और न ही उसका निर्माण कर सका है। इसलिए अपनी ऊर्जा वर्तमान में लगा दो, आने वाला कल खुद ही संवरने लगेगा।

5.

लक्ष्य कैसे हासिल करें

लक्ष्य हासिल करने से पहले यह समझना जरूरी है कि हमें अपने जीवन के लिए टारगेट क्यों सेट करना चाहिए। इसी के साथ फिर इस बात पर विचार करना चाहिए कि उन्हें हासिल कैसे किया जाए। क्या बिना किसी लक्ष्य के हम सफल नहीं हो सकते? विद्वान लोग बताते हैं कि हम जिदंगी में कितने सफल होते हैं, इसमें सबसे अहम भूमिका हमारे खुद के लक्ष्य की ही होती है। बिना किसी लक्ष्य के जीने वाले लोगों की हालत क्रिकेट के उस खिलाड़ी की तरह होती है, जिसके पास ना तो 'विकेट' होते हैं और ना ही उसे मैदान की सीमा यानी 'बाउन्डरी' के बारे में मालूम होता है। ऐसे लोग कुछ समय खेलने के बाद बिना किसी जीत-हार के ही निराश हो कर बैठ जाते हैं। लक्ष्य के प्रति जागरूक लोग जानते हैं कि हमें अपना सारा ध्यान पूरी एकाग्रता से वर्तमान पर ही केद्रिंत करना होता है, क्योंकि भविष्य के बारे में हम आज चाह कर भी कुछ नहीं कर सकते। इसके बाद हमें खुद से यह संकल्प करने की जरूरत होती है। हमारी राह में बेशक कितनी भी कठिनाइयां क्यों न आएं लेकिन हम उस वक्त तक चैन से नहीं बैठेंगे जब तक अपनी मंजिल को अपनी मुट्ठी में नहीं कर लेते। दोस्तों, अगर आपने अभी तक जीवन का कोई बड़ा लक्ष्य नहीं बनाया तो उसे बनाने में और अधिक देरी करना अच्छा नहीं है। आपके हर लक्ष्य को आपके करीब लाने के लिए यहां कुछ खास टिप्स दे रहे हैं। हमें पूरी उम्मीद है कि यह छोटे-छोटे विचार आपके हर सपने को साकार करने में भरपूर मदद करेंगे।

- कर्मो का तूफान पैदा करने वाले अपने लक्ष्य के सभी दरवाजे खोलना जानते हैं।

- जैसे ही हम दूसरों से आगे बढ़ना शुरू करते हैं तो वहां भीड़ खत्म होने लगती है।
- हमारे जीवन का लक्ष्य बेशक कुछ भी हो लेकिन वो दिल के बहुत करीब होना चाहिए।
- दूसरों की शर्तों पर जिदंगी जीने वाले कभी भी अपने मकसद में कामयाब नहीं हो पाते।
- दूसरे लोगों के दिलों पर राज करने के लिए हमें खुद को बहुत ऊपर उठाना पड़ता है।
- अगर कभी कोई हमारी आलोचना करे तो उसे बातों से नहीं काम से जवाब देना चाहिए।
- आप जिस कार्य में खुद को कुशल मानते हैं उसी में ही आगे बढ़ने का प्रयास करना चाहिए।
- अधिकतर लोग इस बात को नहीं जानते कि कोई भी लक्ष्य उनकी हिम्मत से बड़ा नहीं होता।
- हमेशा मुश्किल कार्यों को पहले निपटाना चाहिए क्योंकि आसान कार्य तो खुद ही हो जाते हैं।
- जीवन का लक्ष्य सेट करने के बाद उसे हासिल करने के प्रयास भी तुरंत शुरू कर देने चाहिए।
- बिना उद्देश्य के सारी उम्र मेहनत करके भी इंसान कोल्हू के बैल की तरह कहीं नहीं पहुंच पाता।
- सिर्फ खाने-पीने को जीना नहीं कहते, जिदंगी जीने के लिए नेक कर्मों का होना भी अहम होता है।
- कोई हमारे काम को पसंद करे या न करे, लेकिन हमें अपने काम से प्यार करना नहीं छोड़ना चाहिए।
- दुनिया की फिक्र करना छोड़ दो वो तो बदलती रहेगी, अभी अपना सारा फोकस अपने लक्ष्य पर लगा दो।
- हमारे जीवन का लक्ष्य और मंजिल क्या है, इसे तय करने का हक कभी किसी दूसरे व्यक्ति को मत दो।
- महान उद्देश्यों को हासिल करने वालों को घड़ी की जरूरत नहीं होती, उनके लक्ष्य उन्हें सोने ही नहीं देते।

- अगर हम अपना लक्ष्य सोच-समझ कर तय करें तो फिर उसे हासिल करने में अधिक कठिनाई नहीं होती।
- लक्ष्य का पीछा करने वाले सिर्फ इतना जानते हैं कि रात कैसी भी हो वो सुबह को आने से नहीं रोक सकती।
- कभी भी भीड़ के पीछे मत भागो, कुछ ऐसे करिश्मे करो कि भीड़ आपके पीछे चलने को मजबूर हो जाए।
- हम सभी धरती पर रहते हैं, परंतु कुछ खास लोग ही सितारों की ओर देख कर उन्हें पाने की चाह रखते हैं।
- मजबूत हौसले वाले लोग उस समय तक अड़े और खड़े रहते हैं जब तक सफलता उनके सामने घुटने न टेक दे।
- एक लक्ष्य को पाने के बाद उससे बड़ा लक्ष्य तय कर लो वरना आपका जीवन बेमकसद-सा होने लगेगा।
- हमने आज तक बेशक कितने भी अच्छे काम किए हों लेकिन हम कल उन्हें और भी बेहतर तरीके से कर सकते हैं।
- आईएएस हो या सिविल सर्विस की कोई अन्य परीक्षा, उसकी तैयारी करने वालों को हर रात छोटी लगती है।
- कमजोर लोग अक्सर रास्ते में ही थक कर हार मान लेते हैं, जोश और जुनून के दीवाने जीत से पहले कभी नहीं थकते।
- कामयाब लोगों की सफलता का एक ही राज़ है कि वो जिस काम से डरते हैं उसे ही सबसे पहले पूरा करते हैं।
- कुदरत, दुनिया और समाज हर दिन बदलते रहते हैं, हमें भी हर बदलाव के लिए खुद को तैयार रखना चाहिए।
- अपनी ख्वाहिशों के सपने तो हम सभी संजोते हैं, लेकिन उन्हें हकीकत सिर्फ हिम्मत और हौसले वाले ही बनाते हैं।
- आज तक कोई भी मंजिल खुद चल कर किसी के पास नहीं गई, हमें ही उसके पास जाने के रास्ते ढूंढने पड़ते हैं।
- भविष्य के लिए सुनहरे सपने देखने वालों की बजाए वर्तमान में ध्यान केंद्रिंत करने वाले सबसे अधिक कामयाब होते हैं।
- बड़े से बड़ा पहलवान भी कोई कुश्ती नहीं जीत सकता जब तक उसका दिल और दिमाग उसका साथ नहीं देते।

- जो लोग पहले से ही यह सोच लेते हैं कि यह मुझसे नहीं होगा, मैं इस काम को नहीं कर सकता वो सच में कुछ नहीं कर पाते।
- आपके काम को दूसरे लोगों की प्रशंसा या सराहना मिले या न मिले परंतु उसके पूरा होने पर आपको बहुत सुकून और खुशी मिलेगी।
- कामयाबी की बुलदिंयों तक जाने के लिए अभी तक कोई लिफ्ट नहीं बनी, इसलिए वहां एक-एक सीढ़ी चढ़ कर ही जाना पड़ता है।
- जिस तरह जिदंगी जीने के लिए ऑक्सीजन की जरूरत होती है उसी तरह जीवन को शानदार लक्ष्य के बिना नहीं संवारा जा सकता।
- किसी भी महान लक्ष्य को पाने के दीवाने दुनिया को नहीं देखते, वो जानते हैं कि उनके अंदर ही एक जमाना है बस उसे ही हराना है।
- अपने भविष्य के बारे में कोई कुछ नहीं जानता, लेकिन जो कभी हार नहीं मानते उनका आने वाला कल सुनहरा बन जाता है।
- महान लोगों का सपने देखने का अंदाज सारी दुनिया से अलग होता है, इसीलिए उनका कोई भी सपना कभी अधूरा नहीं रहता।
- बुद्धिमान लोग पहले दिन से ही अपने जीवन का मकसद तय कर लेते हैं इसलिए वो सारी उम्र किस्मत से कोई शिकायत नहीं करते।
- हमारे जीवन में पढ़ाई-लिखाई जितनी जरूरी है उससे अधिक उसे समझ कर जरूरत के समय इस्तेमाल करना महत्त्वपूर्ण होता है।
- सफलता के नज़दीक पहुंच कर जब हिम्मत टूटने लगती है असल में यही वो समय होता है जहां से हमारा सबसे अच्छा समय शुरू होता है।
- जब हम सफल होने के लिए हर तरह के प्रयास करने छोड़ देते हैं उस समय हमारी किस्मत हमें असफल करने का प्रयास शुरू करती है।
- लोग हमारे बारे में क्या सोचते हैं इससे अधिक हमें इस बात पर विचार करना चाहिए कि हम अपने बारे में और ज्यादा बेहतर कैसे सोच सकते हैं।
- कामयाबी के सफर को शुरू करने से पहले इतना जरूर पक्का कर लें कि आपकी दिशा सही है उसके बाद बेफिक्र होकर आगे बढ़ते रहें।
- हमें अपने लक्ष्य के प्रति संकल्प को कभी कमजोर नहीं पड़ने देना चाहिए क्योंकि हर कदम पर भटकाने वाले बहुत सारे विकल्प तैयार खड़े रहते हैं।

- हम जब भी कोई लक्ष्य तय करें तो हमारे दिमाग में हर चीज़ बिलकुल साफ होनी चाहिए कि हमें क्या कुछ करना है और कितने समय में करना है।
- इस धरती पर कोई भी व्यक्ति हमेशा के लिए रहने नहीं आया, इसलिए जितना जल्दी हो सके बड़ी से बड़ी सफलता हासिल करने की कोशिश करो।
- आंधी-तूफान, गर्मी-सर्दी की तकलीफों को सहे बिना तो पेड़ भी फल नहीं दे सकते, हम तो इंसान हैं बिना चुनौतियों के कैसे कुछ हासिल कर पाएंगे।
- हमें कभी भी तर्क-वितर्क में समय बर्बाद नहीं करना चाहिए क्योंकि इसकी एक सीमा होती है, अपना वक्त कल्पना में लगाओ उसकी कोई सीमा नहीं होती।
- दुःख तकलीफ तो हर किसी की जिदंगी में आती रहती है लेकिन उससे दुखी होना या न होना यह हमारी इच्छाशक्ति और नजरिये पर निर्भर करता है।
- हर महीने दो महीने में कंप्यूटर अपनी क्षमता को कई गुणा बढ़ा रहे हैं अगर हमें भी उसी गति से आगे बढ़ना है तो हर दिन खुद को अपडेट करना होगा।
- हमारे लक्ष्य रंगों की तरह होते हैं, सही ढंग से इस्तेमाल किए जाएं तो वो किसी की भी दुनिया को निखार देते हैं, वरना दुनिया बिखरने में देर नहीं लगती।
- हमारा जीवन हर दिन हमारे सामने नई मुश्किलें खड़ी करता रहता है लेकिन आपके अंदर इतनी हिम्मत होनी चाहिए कि आप खुशी-खुशी उनका मुकाबला कर सकें।
- किसी भी काम को करने के बहुत सारे तरीके होते हैं। इसलिए हमेशा अपनी मन-मर्जी करने के बजाए दूसरों की राय भी सुन लेनी चाहिए। हो सकता है कि वो उसी काम को बेहतर तरीके से कर पाए।

6.

हर समस्या का समाधान

इतिहास गवाह है कि आज तक कोई भी इंसान समस्याओं और चुनौतियों से टकराये बिना दुनिया में सफल नहीं हो पाया। लेकिन यह भी हकीकत है कि अनेक देशों के गरीब परिवारों में जन्मे बच्चे सिर्फ संघर्ष, साहस, समर्पण, जुझारू स्वभाव की बदौलत प्रधानमंत्री और राष्ट्रपति जैसे पदों की शोभा बढ़ा चुके हैं। इस तरह के लोगों ने कभी भी यह नहीं सोचा कि हमारा घर छोटा है, हम दूसरे लोगों की तरह सुंदर और स्मार्ट नहीं हैं। क्योंकि वो जानते थे कि इस तरह की भावनाएं हमारे अंदर सिर्फ हीन भावना को बढ़ाती हैं। वो यह भी समझते थे कि खुद को दुखी और हीन समझने वाले जीवन में कभी तरक्की नहीं कर सकते। समस्याएं तो हर किसी के जीवन में सदैव आती रहेंगी, अब देखने वाली बात यह है कि हम हर चुनौती के लिए खुद को किस तरह से तैयार करें। समस्याओं की बात तो हर कोई करना जानता है लेकिन जो लोग अपनी तकदीर और तस्वीर बदलने की हिम्मत रखते हैं उनके पास ऐसी खूबियां होती हैं जिससे वो हर समस्या का समाधान आसानी से ढूंढ़ लेते हैं।

- किसी भी समस्या को कभी भी समस्या की तरह नहीं देखना चाहिए।
- हालात चाहे कैसे भी हों मन के विश्वास को कभी भी मत डगमगाने दो।
- हमारी असफलता के लिए दूसरा कोई नहीं सिर्फ हम खुद ही जिम्मेदार होते हैं।
- जिदंगी कभी खत्म नहीं होती, हर हार के बाद एक नई शुरुआत होने लगती है।
- पहाड़ कितने भी ऊचें क्यों न हों, एक न एक दिन वो हमारे पैरों के नीचे होते हैं।

- कठिनाइयों से ऊपर उठ कर सोचने वालों को सफल होने से कोई नहीं रोक पाता।
- जिदंगी की समस्याएं हमें तभी परेशान करती हैं जब हम संघर्ष करना छोड़ देते हैं।
- वक्त जब भी किसी का शिकार करता है वो बिना बताए चारों ओर से वार करता है।
- आखें बंद करके ध्यान करने से अच्छा है आखें खोल कर समझदारी से जिया जाए।
- मीठी और सरल भाषा हमारे जीवन की बहुत सारी परेशानियों को कम कर सकती है।
- जीवन में हर दिन आने वाली चुनौतियों से ही हमारा आत्मविश्वास और हिम्मत बढ़ती है।
- हर संकट का सामना करने के बाद ही हम और अधिक मजबूत और अनुभवी हो पाते हैं।
- किसी भी एक बड़ी समस्या को देख कर आगे बढ़ने की हिम्मत कभी नहीं छोड़नी चाहिए।
- रोजमर्रा के जीवन में आने वाली हर समस्या हमें एक महत्त्वपूर्ण सबक सिखा कर जाती है।
- किसी भी समस्या का हल ढूंढने के लिए हमें उसके स्तर से ऊपर उठ कर सोचना चाहिए।
- हम सभी की जिदंगी में अच्छा वक्त जरूर आता है लेकिन वो आता अपने समय पर ही है।
- जो समस्याएं पैसे से हल हो जाती हैं वो असल में हमारे जीवन की समस्याएं होती ही नहीं।
- जिस व्यक्ति ने अपनों को बदलते हुए देखा हो वो हर प्रकार के हालात का सामना कर सकता है।
- इतिहास रटने वाले तो इस दुनिया में बहुत सारे लोग होते हैं, आप चाहो तो इतिहास रच सकते हो।
- जो लोग हमसे अधिक दुखी हैं उनके दु:ख को देखते ही हमें अपनी समस्याएं छोटी लगने लगती हैं।

- जहां तक मुमकिन हो सके हमें अपने से अधिक समझदार लोगों के साथ अपना समय गुजारना चाहिए।
- जिंदगी में लगातार आगे बढ़ना चाहते हो तो हर दिन, हर बार एक नई रणनीति के साथ बढ़ना होगा।
- हमें अपनी परेशानियां उस समय तक बड़ी लगती हैं जब तक हम दूसरे लोगों के कष्टों को नहीं देखते।
- इंसान को मन से कभी नहीं हारना चाहिए क्योंकि जंग के मैदान में आज नहीं तो कल जीत ही जाएंगे।
- होशियार लोग सभी समस्याओं का हल ढूंढ लेते हैं बुद्धिमान लोग उन समस्याओं से खुद को बचा लेते हैं।
- जो इंसान जितनी अधिक गलतियों से चोट खाता है वो उतना ही ज्यादा मजबूत और कामयाब हो पाता है।
- जो व्यक्ति सफल होने पर नम्र नहीं रह पाते वो अपनी ही सफलता के अंहकार के बोझ से टूटने लगते हैं।
- एक बात सदा याद रखो कि बाज़ी कई बार हाथ से निकल जाती है परंतु जिंदगी फिर दोबारा मौके देती है।
- हमारी जिस सोच से कोई समस्या पैदा होती है, उसी सोच से उस समस्या का हल नहीं ढूंढा जा सकता।
- किसी भी समस्या के हल के बारे में हम तभी सोचते हैं जब हमारा टकराव अजीबों-गरीब समस्याओं से होता है।
- जब हमारे सारे प्रयास असफल हो जाएं तो हार मानने से पहले एक बार आखिरी प्रयास जरूर करके देख लेना।
- जैसे-जैसे हमारे जीवन में परेशानियां आती हैं तभी हमारे अंदर उनसे मुकाबला करने की शक्ति भी पैदा होती है।
- हमारे हाथ की लकीरों में ही हमारी किस्मत लिखी होती है, लेकिन हमारी किस्मत पर ही हमारा बस नहीं चलता।
- धर्म और ध्यान करना अच्छी बात है, लेकिन कर्म और ज्ञान के बिना चुनौतियों से मुकाबला नहीं किया जा सकता।
- अपनी जिंदगी में सबसे अधिक सुधार केवल वही लोग कर सकते हैं जो अपनी हर असफलता से नई सीख लेते हैं।

- बहादुर योद्धा कभी किसी की कमजोरी का फायदा उठा कर नहीं हर जंग अपनी ताकत के दम पर जीतते हैं।
- दुनिया के सामने कभी भी अपनी कमजोरियां मत दिखाओ क्योंकि उसका फायदा उठाने में वो बहुत माहिर है।
- अगर हम हर दिन कुछ मिनट भी बेकार की चिंता में गंवाते हैं तो भी अपनी जिदंगी के कई साल बेकार कर देते हैं।
- जो काम हमें दिल से अच्छा लगता है जो हमें आगे बढ़ने के लिए प्रेरित करता है उसे सबसे पहले गौर से पहचानो।
- अगर हम समय रहते अपनी समस्याओं को नहीं सुलझाएंगे तो वो हमारे लिए और अधिक परेशानियां खड़ी कर देंगी।
- समस्याएं जब आती हैं तो बहुत कष्ट महसूस होता है परंतु जब जाती हैं तो आत्मविश्वास का अनमोल तोहफा दे कर जाती हैं।
- हमारी जिदंगी में सबसे ज्यादा परेशानियां उस समय आती हैं जब हम दूसरे लोगों से जरूरत से अधिक उम्मीद रखने लगते हैं।
- हमारी उम्र बेशक कुछ भी हो, लेकिन हमें अपने मन से कभी भी नया सीखने की चाहत को कम नहीं होने देना चाहिए।
- समस्याएं तो हमारे जीवन का एक अभिन्न हिस्सा हैं, हम किसी भी क्षेत्र में कितने भी निपुण क्यों न हों, समस्याएं तो आएंगी ही।
- समस्या को समस्या की तरह देखो तो डर लगता है लेकिन अगर उसे चुनौती समझा जाए तो जीवन में जोश पैदा होने लगता है।
- जब तक हमारी सोच सकारात्मक और संतुलित होती है हमें किसी प्रकार की चिंता, तनाव या परेशानी दुखी नहीं कर सकती।
- बहुत सारे लोग इस बात से परेशान रहते हैं कि "लोग क्या सोचेंगे" अब अगर यह भी हम सोचेंगे तो फिर वो बेचारे क्या सोचेंगे।
- जब तक हमारा सारा ध्यान अपने लक्ष्य पर रहेगा, उस समय तक हमें किसी तरह की कोई भी समस्या या परेशानी दिखाई नहीं देगी।
- बहुत सारी परेशानियों से बचने का एक साधारण-सा तरीका यही है कि हम हर दिन अपने ज्ञान और अनुभव में बढ़ोतरी करते रहें।
- किसी भी समस्या को अनदेखा करके नहीं बल्कि हिम्मत से उसका मुकाबला करने से ही परेशानियों का हल निकाला जा सकता है।

- जब भी कभी असफलता या निराशा मिले तो उसका दोष किसी दूसरे के माथे मढ़ने की बजाए स्वीकार करने की हिम्मत होनी चाहिए।
- चुनौतियों को देख कर कभी मत डरो। आज अगर थोड़ी मुश्किलें हैं, कल और परेशानियां बढ़ेंगी लेकिन परसों जरूर मौसम सुहावना होगा।
- कामयाबी का सफर कभी भी आसान नहीं होता, इसलिए हंसते-खेलते उसे पूरा करने के लिए मुस्कुराने की आदत होनी चाहिए।
- जागरूक लोग अपनी आखें और कान हमेशा खुले रखते हैं, ताकि उन्हें मालूम रहे कि उनके आस-पास दुनिया में क्या कुछ नया हो रहा है।
- जीवन में उतार-चढ़ाव तो आते ही रहते हैं। इसका यह मतलब नहीं होता कि किसी एक समस्या के आ जाने से हमारी दुनिया खत्म हो जाएगी।
- हम जीवन के किसी भी सफर पर आगे बढ़ें हमें यह सदैव याद रखना चाहिए कि हर कदम पर कुछ न कुछ नये किस्म के संकट जरूर आएंगे।
- एक बार सफलता की राह में आने वाले बड़े संकट का सही ढंग से मुकाबला करने वाले को भविष्य की छोटी-छोटी उलझनें परेशान नहीं कर पाती।
- आज तक कभी भी कोई पहाड़ हथौड़े की एक चोट से नहीं टूटा, इससे इतना तो समझ आता है कि लगातार प्रयास करने से ही सफलता मिलती है।
- पहाड़ों पर चढ़ने वाले जानते हैं कि हम बेशक कितनी भी तैयारी क्यों न कर लें, लेकिन पहाड़ चढ़ते समय हर कदम पर एक नई चुनौती से टकराव जरूर होगा।
- हम जब भी आगे बढ़ने की सोचते हैं तो कोई न कोई बाधा दिखाई देती है , क्या हम सच में इतने कमजोर हैं कि उन बाधाओं को दूर नहीं कर सकते।
- किसी भी समस्या को देख कर चिंता करने की बजाए उसके हल को खोजना चाहिए। अगर किसी समस्या का कोई हल न हो तो फिर चिंता करना भी बेकार होता है।

7.

हार पर सफलता का वार

हम अकेले क्या कर सकते हैं, मेरे अकेले के निर्णय से क्या होगा, सिर्फ मेरी इच्छा से कैसे कुछ बदल सकता है। यह सारी बातें सही लगती हैं, लेकिन यह भी सच है कि एक दिन में कुछ नहीं बदलता। मगर दिल में ठान लिया जाए तो एक दिन सब कुछ बदल जाता है। उसके लिए जरूरत होती है दृढ़ संकल्प की। इस दुनिया में कोई भी ऐसा इंसान नहीं है, जिसको हार से डर न लगता हो। स्कूली बच्चे हों या बड़े व्यापारी असफलता के डर से हर साल सैकड़ों लोग मौत को गले लगा लेते हैं। यह सब कुछ इसलिए हो रहा है क्योंकि हमें बचपन से सिर्फ दो ही चीजें सिखाई जाती हैं, पहला डर और दूसरा नेगेटिव सोच। यह तुम से नहीं होगा, तुम अभी इस काबिल नहीं हो। बड़े होने के साथ इन बातों की जड़ें इतनी गहरी हो जाती हैं कि हम चाह कर भी अपने मन से असफलता, हार के डर को नहीं निकाल पाते। इसका मुख्य कारण है, जागरूकता की कमी। हम यह भूल जाते हैं जो डर एक बार अवचेतन मन में बैठ गया है, उसको हटाना भी जरूरी है। आगे बढ़ने से पहले हम इतना तो जरूर कहना चाहेंगे कि न पास होने की चिंता करो न फेल होने का गम, जब तक सांस में सांस है सफल हो कर चलते रहेंगे हम।

- सफलता के सारे पाठ असफलता ही सिखा सकती है।
- कामयाबी के बीज़ भी असफलता की मिट्टी से ही पैदा होते हैं।
- बड़े से बड़ा खिलाड़ी भी हर बार कोई खेल नहीं जीत सकता।
- असफलता का डर बाहर नहीं सिर्फ हमारे दिमाग में ही होता है।

- कभी किसी से अपेक्षा न रखने वाले सारी उम्र निराश नहीं होते।
- आसमान को छूने का रास्ता भी हमारे दिमाग से ही निकलता है।
- हर कामयाबी की कहानी का पहला अध्याय असफलता से ही शुरू होता है।
- नाकाम हुए बिना हम कभी भी अपने अंदर की ताकत को नहीं पहचान पाते।
- हमारा जीवन उसी तरह से आगे बढ़ता है, जैसे हमारी सोच और विचार होते हैं।
- घुटनों के बल पर चलने वाले कभी भी हिमालय पर्वत पर विजय नहीं पा सकते।
- अच्छी आदतें और मिलनसार स्वभाव रखने वाले काफी जल्दी कामयाब हो जाते हैं।
- हर तरह की नाकामी हमें जिदंगी में तरक्की के लिए एक नई दिशा दिखा जाती है।
- दिल और दिमाग को एकाग्र किए बिना लाइफ को सेट करना बहुत मुश्किल होता है।
- जब तक हम इस धरती पर जिंदा हैं इसका मतलब हमारे सारे लक्ष्य अभी पूरे नहीं हुए।
- लगातार सफलता मिलने से अंहकार बढ़ता है जबकि असफलता हमें नम्रता सिखाती है।
- इस दुनिया में हमें सब कुछ दिखाई देता है सिर्फ अपनी गलती और कमियों के सिवाए।
- अपने सपनों को साकार करने में पढ़ाई–लिखाई से अधिक इच्छाशक्ति महत्त्वपूर्ण होती है।
- बार–बार गिर कर उठने वाले कमजोर नहीं बल्कि सबसे अधिक ताकतवर इंसान होते हैं।
- जो लोग हर दिन कुछ नया करने के बारे में नहीं सोचते वो बहुत जल्दी भटक जाते हैं।
- कुछ लोगों को यह गलतफहमी होती है कि अधिक बोलने से वो जल्दी सफल हो जाएंगे।

- आप केवल अपना ख्याल रखो, दूसरे लोग पहले से ही अपना अच्छे से ख्याल रख रहे हैं।
- हम सपने भी जो देखते हैं उसके लिए भी हमारे दिमाग को काफी मेहनत करनी पड़ती है।
- जो हर मुश्किल के सामने अड़ना और खड़ा होना जानते हैं वो कभी विफल नहीं हो सकते।
- उम्मीद और आशाओं के साथ हम जब भी कुछ नया करते हैं तो सफलता जरूर मिलती है।
- हमारे गुरु हमसे कई बार अधिक फेल होने के बाद ही गुरु की पदवी तक पहुंच पाते हैं।
- बहादुर योद्धा अपनी नाकामी को स्वीकार करके फिर से आगे बढ़ने की हिम्मत जुटा लेते हैं।
- जब तक हम नीचे गिरने से डरते रहेंगे उस समय तक कभी भी ऊंची उड़ान नहीं भर पाएंगे।
- सकारात्मक विचारों वाले लोग दूसरों के मुकाबले बहुत जल्द कामयाबी के करीब पहुंच जाते हैं।
- हमारी रोजमर्रा की जिदंगी में अधिकतर समस्याएं हमारी अपनी गलतियों के कारण ही आती हैं।
- कोई भी इंसान अपने दिमाग की कार्यकुशलता और निपुणता जितनी चाहें उतनी बढ़ा सकता है।
- जो खुद को शुरू से ही निपुण समझते हैं वो अक्सर जिदंगी में कुछ बड़े कारनामे नहीं कर पाते।
- कामयाबी की राह पर आगे बढ़ते हुए मौज-मस्ती करने पर किसी किस्म की कोई रोक नहीं होती।
- शिकायत और आलोचना से दूर रहने वाले अपनी सारी शक्तियां रचनात्मक कार्यों में लगा सकते हैं।
- जब भी हम सफलता के करीब पहुंचते हैं कुछ शरारती लोग उसके ताले की चाबी को बदल देते हैं।
- जिदंगी में बेशक कितनी बार भी हार मिले लेकिन कभी भी जीत की उम्मीद नहीं छोड़नी चाहिए।

- किसी भी चीज़ के प्रति जरूरत से अधिक लगाव से हम जीवन में खुल कर तरक्की नहीं कर सकते।
- महान लक्ष्यों को पाने वाले जानते हैं कि उनके दिलो-दिमाग में खून के साथ-साथ सपने भी दौड़ते हैं।
- संतुलित व्यक्ति अपनी किसी भी सफलता या असफलता से न तो बहुत खुश होते हैं और न ही दुखी।
- मूर्ख लोग अपने काम से अधिक अपना समय निंदा, शिकायत और आलोचना करने में बेकार कर देते हैं।
- जिन मंजिलों को अपनी ऊंचाइयों पर बहुत गुरूर होता है, उसे ही तोड़ने में सबसे अधिक मज़ा आता है।
- "बदलाव" देखने में तो बहुत छोटा-सा अक्षर होता है, लेकिन इसके आते ही सारी दुनिया बदलने लगती है।
- कुछ लोग जिदंगी में कभी असफल नहीं होते वो तो बस असफल होने के नये-नये तरीके खोजते रहते हैं।
- दिलों-दिमाग में भरपूर आत्मविश्वास हो तो सभी नकारात्मक विचारों को सकारात्मक बनाया जा सकता है।
- जिदंगी में असफल सिर्फ वही लोग होते हैं जो एक बार हारने के बाद दोबारा कभी कोशिश ही नहीं करते।
- कोई भी व्यक्ति अभी तक इतना समझदार नहीं हुआ कि वो अपना हर काम बिलकुल सही ढंग से कर सके।
- हारने वाला व्यक्ति यदि दिल से हार नहीं मानता तो बड़ी से बड़ी हार भी उसका कुछ नहीं बिगाड़ सकती।
- असफलता को स्वीकार करना मुश्किल जरूर होता है, लेकिन उसके सिवाए हमारे पास कोई विकल्प भी नहीं होता।
- हम अपनी "राय" से दुनिया को नहीं बदल सकते परंतु अपनी जिदंगी के उदाहरण से बहुत कुछ बदला जा सकता है।
- जीवन में कई बार असफल होना भी जरूरी होता है क्योंकि इसी से हमें सफल होने की हिम्मत और हौसला मिलता है।
- अपनी गलतियों पर हंसने से हमारी उम्र बढ़ती है परंतु दूसरों की गलतियों पर हंसने से यह काफी कम हो जाती है।

- एक बार फेल होने के बाद जो अनुभव हमें मिलता है, वो हमें कहीं और से किसी भी कीमत पर नहीं मिल सकता।
- हर असफलता हमें एक ऐसा मौका देती है जिससे हम अपने अंदर छिपे हुए गुणों का अच्छे से इस्तेमाल कर पाते हैं।
- हमें कभी भी दूसरों की कमियों के बारे में नहीं सोचना चाहिए वरना हम अपनी कमियों को कभी भी ठीक नहीं कर पाएंगे।
- सीधे-सरल स्वभाव में रहना अच्छी बात है, लेकिन सादगी में इतना भी मत झुको कि लोग आपको गिरा हुआ समझने लगें।
- सफल होने वाले सभी व्यक्ति कभी भी यह नहीं सोचते कि मैं यह काम नहीं कर सकता या यह काम मुझसे नहीं होगा।
- किसी भी प्रकार के हालात में उम्मीद नहीं छोड़नी चाहिए क्योंकि एक रास्ता बंद होते ही दूसरे कई और रास्ते खुलने लगते हैं।
- कुछ लोग इस दुनिया में सिर्फ गलतियां करने के लिए ही पैदा होते हैं, निपुण होने के बारे में तो वो कभी सोचते ही नहीं।
- जितनी अधिक मानसिक और शारीरिक ऊर्जा हमारे अंदर होगी उतने ही अधिक हम अपने गुणों को आसानी से निखार पाएंगे।
- अगर हम हर दिन चंद कदम आगे नहीं बढ़ते तो इसका सीधा-सा मतलब है कि हम दूसरों के मुकाबले में तेजी से पिछड़ रहे हैं।
- हमें अपनी जीभ को बहुत सोच-समझ कर इस्तेमाल करना चाहिए क्योंकि यह बिना घायल किए ही बहुत गहरी चोट पहुंचा देती है।
- खुद पर विश्वास के बिना आज तक कोई सफल नहीं हो पाया, इसलिए सफल होना चाहते हो तो अपने विश्वास को सदा कायम रखो।
- हमारी सफलता असफलता हमें आईने की तरह सब कुछ साफ-साफ दिखा देती हैं कि हमने उसे पाने के लिए कितने प्रयास किए थे।
- जिस प्रकार एक छोटा-सा तिनका हवा का रुख बता देता है ठीक उसी तरह हमारा एक विचार हमारी मानसिक दशा को दर्शा देता है।
- हमारी असफलता के दो ही मुख्य कारण होते हैं, एक तो मंजिल की तरफ बढ़ने की शुरुआत न करना और दूसरा पूरा रास्ता तय न करना।
- आजकल की औरतें आदमियों के मुकाबले अधिक कामयाब होती हैं क्योंकि वो बेशक जानती कम हैं परंतु हर बात को समझती अधिक हैं।

- जब भी हम किसी परीक्षा में फेल होते हैं तो मन बहुत दुखी होता है, लेकिन हमें यह मानना होगा कि निराशा से किसी समस्या का हल नहीं मिलता।
- हम लोग छोटी-सी असफलता से घबरा जाते हैं। सफल होने की प्रेरणा लेनी हो तो फौजियों से सीखो जो लक्ष्य को पाने के लिए मौत से भी नहीं डरते।
- एडीसन बल्ब बनाने से पहले तकरीबन 10000 बार फेल हुए थे, आप भी अगर 10-20 बार फेल हो जाते हो तो घबराने की जरूरत नहीं है।
- जागरूक रहने और आगे बढ़ने के लिए हर दिन कुछ न कुछ प्रेरणा जरूर लेनी चाहिए। यह प्रेरणा हमारे अंदर ऊर्जा का काम करती है।
- जो लोग अपनी असफलता को खुशी से स्वीकार करने की हिम्मत रखते हैं उन्हें दुनिया की कोई भी ताकत सफल होने से नहीं रोक सकती।
- दुनिया के महान लोग अपनी तरक्की में इतना अधिक समय लगाते हैं कि उसके बाद उनके पास किसी दूसरे की कमियां देखने का समय ही नहीं बचता।
- जो लोग कभी फेल नहीं होते तो इसका सीधा-सा मतलब यही निकलता है कि वो न तो आगे बढ़ने का प्रयास कर रहे हैं और न कुछ नया सीख रहे हैं।
- इस बात की तो कोई भी गारंटी नहीं कर सकता कि हर व्यक्ति पूरे जीवन में कभी असफल नहीं होगा। इसलिए फेल होने का दोष कभी किसी दूसरे को मत दो।
- कभी-कभी असफल होने में कुछ बुराई नहीं होती क्योंकि बहुत सारे लोग हमारी असफलता का बेसब्री से इंतजार कर रहे होते हैं। आखिर उन्हें भी तो खुश रखना हमारा फर्ज़ बनता है।

8.

माइंड सेट तो लाइफ सेट

इस दुनिया में बहुत सारे ज्ञान और विज्ञान हैं। बहुत सारी ऐसी तकनीक हैं जिनकी बदौलत हम जिदंगी में काफी जल्दी अपनी खूबियों को बढ़ा कर तेजी से तरक्की कर सकते हैं। सबसे आसान तकनीक है अपने दिमाग से दोस्ती करने की। हमारी रोजमर्रा के जीवन से लेकर सारी जिदंगी को हमारा दिमाग ही चलाता है। हमने कौन-सा काम कैसे और कब करना है, यह भी सब कुछ हमारा माइंड ही तय करता है। इस बात को अगर ऐसे समझा जाए कि कम्प्यूटर की तरह हमारा दिमाग भी साफ्टवेयर की तरह काम करता है तो शायद गलत न होगा। बाकी शरीर तो हम सभी का तकरीबन एक जैसा है। फर्क सिर्फ होता है हमारे दिमाग का। उसमें किस तरह के विचार हैं, उनको हम किस हद तक इस्तेमाल कर रहे हैं। अगर हमारे दिमाग में कुछ नेगेटिव बातें हैं तो क्या हमने उन्हें हटाने की कभी कोशिश की है। एक और हम अपने सारे शरीर की सफाई का तो पूरा ख्याल रखते हैं, दूसरी और दिमाग में हम सिर्फ हर तरह के विचार डालते रहते हैं, मगर कभी यह नहीं सोचते कि इनमें से कौन से हमारे काम के हैं और कौन से बेकार में जगह खराब कर रहे हैं। कई बार एक नकारात्मक विचार हमारे सारे दिमाग के काम करने की प्रक्रिया को प्रभावित कर देता है। इसलिए अगर हमें दूसरों से आगे रहते हुए अपनी अलग पहचान बनानी है तो उसके लिए हमें अपने माइंड को सेट करना होगा। लाइफ और माइंड को सेट करने के लिए हमें क्या कुछ करना चाहिए, आइए निम्नलिखित विचारों से जानने की कोशिश करते हैं।

- हमारे शरीर में सबसे शक्तिशाली सिर्फ हमारा दिमाग ही है।
- हमारे माइंड से बढ़ कर इस दुनिया में कोई खज़ाना नहीं है।

- जब तक हमारा दिमाग मजबूत है वो कभी हार नहीं मानता।
- दुनिया का सबसे मुश्किल काम है अपने मन को काबू में रखना।
- हमारा मन हमारे दिमाग को इधर से उधर बेवजह भटकाता रहता है।
- हमारा अवचेतन मन सभी अवस्थाओं से ऊपर उठ कर कार्य करता है।
- बॉस का बॉस बनने के लिए हमें अपने दिमाग से उसे हराना पड़ता है।
- हमारी सोच और विचार हमें बताते हैं कि हमें क्या और कैसे लिखना है।
- मन को वश में करना थोड़ा कठिन जरूर होता है लेकिन नामुमकिन नहीं।
- इस दुनिया में सबसे शक्तिशाली चीज अगर कोई है, तो वो है हमारा दिमाग।
- हमें अपने हस्ताक्षर सदैव ऐसे करने चाहिए जैसे कि वो हमारे ऑटोग्राफ हों।
- अगर हमारे हाथ में अच्छा पेन हो तो आत्मविश्वास खुद ही पैदा होने लगता है।
- कोई व्यक्ति झूठ बोल सकता है लेकिन उसकी लिखावट कभी झूठ नहीं बोलती।
- अपसेट होने से कुछ नहीं होता, माइंड सेट कर लो सब कुछ हासिल हो जाएगा।
- हमारा सबसे अच्छा दोस्त और सबसे बड़ा दुश्मन हमारा अवचेतन मन ही होता है।
- हम अपनी लिखावट और हस्ताक्षर सुधार कर दिमाग की सोच को बदल सकते हैं।
- जब तक दिल और दिमाग शांत न हो_ हम बेहतर भविष्य की कल्पना नहीं कर सकते।
- हमारा अवचेतन मन हमारे हर विचार को एक आदेश की तरह मान कर कार्य करता है।
- दूसरों को काबू करने से पहले हमें अपने मन और विचारों को काबू में रखना आना चाहिए।

- दिल की बात सुनने में कोई बुराई नहीं होती लेकिन निर्णय हमेशा दिमाग से ही लेना चाहिए।
- लगातार वर्तमान में ध्यान लगाने से हमारा दिमाग बहुत जल्द हमारी हर बात मानने लगता है।
- हर काम के अच्छे नतीजे पाने के लिए सबसे पहले हमें अपनी लिखावट को सुंदर बनाना चाहिए।
- मन में विश्वास, भरोसा और यकीन हो तो हम अपनी हर इच्छा को आसानी से पूरा कर सकते हैं।
- कोई भी इंसान वर्तमान में तभी जी सकता है, जब उसका दिल और दिमाग बिलकुल शांत होते हैं।
- अवचेतन मन का सही ढंग से इस्तेमाल करने पर हमारे मन की सभी दुविधाएं खत्म हो सकती हैं।
- जब तक हम अपना दिमाग नहीं बदलते उस समय तक हम अपनी जिदंगी को भी नहीं बदल सकते।
- सकारात्मक माइंड सेट के सामने हमारी पढ़ाई-लिखाई और डिग्रियां भी कुछ खास मायने नहीं रखतीं।
- हम कुछ बोलें या ना बोलें हमारी लिखावट और हस्ताक्षर हमारे बारे में सब कुछ सच-सच बता देते हैं।
- हमारा दिमाग वो सब कुछ हमें दिला सकता है जिस चीज़ को वो मानता है और उस पर विश्वास करता है।
- यदि हम अपने दिल और दिमाग को काबू में नहीं रखते तो यह हमारा बहुत बड़ा नुकसान कर सकते हैं।
- हमारे दिमाग के पास इतनी असीम शक्तियां हैं कि वो हमारी हर इच्छा को आसानी से पूरा कर सकता है।
- जिंदगी में अगर कुछ अच्छा बनना चाहते हो तो सबसे पहले उसे अच्छे से लिखने की कोशिश शुरू करो।
- जिदंगी के सफर की शुरुआत में ही हमारा माइंड सेट यह तय कर देता है कि हम कहां तक पहुंच सकते हैं।

- ग्राफोलॉजी एक ऐसा माध्यम है जिससे हम अपने हुनर और इच्छाशक्ति को किसी भी हद तक बढ़ा सकते हैं।
- हमारे जीवन में हालात कितने भी बुरे क्यों न हों उन्हें लिखावट और सिग्नेचर के माध्यम से बदला जा सकता है।
- पहले कहा जाता था कि बातें कम काम ज्यादा, परंतु हस्तलेखन विज्ञान कहता है कि, बोलो कम और लिखो ज्यादा।
- अपनी भावनाओं के साथ कभी भी अपने निर्णय मत बदलो, वरना हर दिन सफलता हमसे दूर होती जाएगी।
- जब भी किसी काम को करने में घबराहट महसूस हो तो हम अपने अवचेतन मन से भरपूर शक्ति ले सकते हैं।
- जिदंगी में कोई भी सकारात्मक बदलाव लाने के लिए हमें सबसे पहले अपने मन में विश्वास पैदा करना पड़ता है।
- हमारा माइंड सेट ही यह तय करता है कि दुनिया वाले हमें लबें समय तक याद रखेंगे या बहुत जल्द भुला देंगे।
- हम जो कुछ हैं, जो कुछ बनना चाहते हैं, जो कुछ पाना चाहते हैं वो सब कुछ सिर्फ हमारा दिमाग ही कर सकता है।
- अवचेतन मन सबसे अधिक शक्तिशाली होते हुए भी हमारी सोच और विचारों में अच्छे-बुरे के फर्क को नहीं समझ सकता।
- विद्वान लोग अपना हर काम दिमाग चला कर करते हैं जबकि अज्ञानी लोग अपने सारे काम जुबां चला कर करना चाहते हैं।
- ग्राफोलॉजी के माध्यम से हम न सिर्फ अपने बारे में बल्कि अपने सभी करीबी लोगों के बारे में अधिकतर बातें जान सकते हैं।
- जेब में पैसे हों या न हों लेकिन जो लोग अपने दिमाग का सही इस्तेमाल करना जानते हैं वो हर क्षेत्र में कामयाब हो सकते हैं।
- एक पॉजिटिव माइंड सेट ऐसे-ऐसे करिश्मे भी कर सकता है जिसके बारे में हमने कभी सपने में भी नहीं सोचा होता।
- दिमाग से दोस्ती होते ही यह समझ आ जाता है जो कुछ हम पाना चाहते थे अब वो हमसे दूर नहीं बल्कि हमारे बहुत करीब है।

- जब किसी व्यक्ति का व्यवहार समझ न आ रहा हो तो उस समय उसकी हैंडराटिंग और सिग्नेचर देखने का प्रयास करना चाहिए।
- अवचेतन मन चेतन मन से कई गुणा अधिक ताकतवर होता है लेकिन फिर भी हमारी जिदंगी को चेतन मन ही नियंत्रित करता है।
- हमारा शरीर कितना भी कमजोर क्यों न हो लेकिन अगर माइंड सेट मजबूत है तो हमें सफल होने से कोई ताकत नहीं रोक सकती।
- हमारे दिमाग की असलियत सिर्फ इतनी-सी है कि जो कुछ उसकी पकड़ में आ जाता है, उसे ही वो हकीकत मानने लगता है।
- हमारे दिमाग के पास इतनी ताकत है कि वो न सिर्फ हमें सफल होने की राह दिखाता है, बल्कि सभी समस्याओं के हल भी ढूंढ देता है।
- हमारी सफलता और नाकामी हमारे अपने ही विचारों का परिणाम होती है, इसलिए इसका दोष किसी दूसरे व्यक्ति को नहीं दिया जा सकता।
- हम अपना भविष्य तो नहीं बदल सकते लेकिन माइंड सेट को बदल सकते हैं। हमारा माइंड सेट हमारे भविष्य को बदलने की ताकत रखता है।
- जिस तरह हम अपने शरीर का ख्याल रखते हैं उसे हर थोड़े समय के लिए विश्राम देते हैं उसी तरह अपने मस्तिष्क को भी आराम देना चाहिए।
- किसी भी इंसान के हस्ताक्षर को अगर गौर से देखा जाए तो उसमें काफी हद तक उसकी भावनाएं, कमजोरियां और रचनात्मक गुण दिखाई देंगे।
- अपने दिमाग में कभी भी शंका का बीज मत उत्पन्न होने दो, क्योंकि शक और सन्देह ऐसे रोग हैं जो हमें दीमक की तरह खोखला कर देते हैं।
- हमारी सोच के प्रभाव का अंदाजा इस बात से लगाया जा सकता है कि हम एक जैसे कागज पर, एक जैसी कलम से बिलकुल अलग स्टाईल से लिखते हैं।
- जिस प्रकार हम अपने शरीर के दूसरे सभी अंगों का ख्याल रखते हैं उसी तरह हमें अपने चेतन और अवचेतन मन का भी लगातार ध्यान रखने की जरूरत होती है।

- उतार–चढ़ाव और बुरे दिन तो हर किसी की जिदंगी में आते रहते हैं, लेकिन हम अपने मजबूत माइंड सेट की बदौलत ही उनका सामना सही ढंग से कर पाते हैं।
- एक बार अगर हम अपने चेतन और अवचेतन मन की शक्तियों को समझ कर उनका सही ढंग से फायदा उठाना सीख लें तो इस दुनिया का हर काम संभव हो सकता है।
- हम सभी अपने दिमाग का कोई न कोई हिस्सा रोजमर्रा की जिदंगी को चलाने के लिए इस्तेमाल करते हैं, लेकिन कोई भी व्यक्ति अपने सारे दिमाग का पूर्ण रूप से लाभ नहीं उठा पाता।
- अपने घर के साथ–साथ हमें कभी–कभार अपने दिमाग की भी सफाई करते रहना चाहिए, क्योंकि ऐसा करने से बहुत सारी ऐसी चीजें मिल जाती हैं जिन्हें हम बिलकुल भूल चुके होते हैं।
- हमारा दिमाग अलग–अलग परिस्थितियों में अजीब तरीके से व्यवहार करता है, लेकिन इसे अपने हिसाब से चलाने के लिए इसके काम करने की तकनीक को, बारीकियों को समझना जरूरी होता है।

9.

बहाने बनाना बंद

बचपन में अपनी छोटी-मोटी गलतियों को छिपाने या कई बार बड़े-बुजुर्गों या टीचर की मार से बचने के लिए हम झूठे बहाने बनाते थे। जवानी तक पहुंचते हुए यह आदत कब मानसिक बीमारी का रूप ले लेती है, हमें मालूम ही नहीं पड़ता। जैसे ही हम तरक्की की राह पर आगे बढ़ना शुरू करते हैं तो हमारे सफर की सबसे बड़ी अड़चन हमारे बहाने सामने आने लगते हैं। बड़े रुतबे वाले दूसरे लोगों को देख कर हमारे मन में भी सफलता का जुनून हिलोरे तो मारने लगता है लेकिन जब दमखम दिखाने की बारी आती है तो हमारे अवचेतन मन में बैठी हुई बहानेबाजी की बीमारी जाग उठती है। उस समय हमें लगता है कि हम तो गरीब परिवार से हैं। हमारे माँ-बाप ने हमें सर्वश्रेष्ठ स्कूल-कॉलेज में नहीं पढ़ाया। अगर हमें भी उन्होंने विदेश भेजा होता तो हम भी आज सबसे सफल इंसान होते। कहने का भाव सिर्फ इतना-सा है हम अपनी हर कमजोरी को छिपाने के लिए बहानों को ढाल की तरह इस्तेमाल करने लगते हैं। आमतौर पर लोग किसी खास मकसद को लेकर मेहनत करते हैं और असफल हो जाते हैं। लेकिन बहाने बनाने की बीमारी से पीड़ित लोग बिना प्रयास किए ही हार मान लेते हैं। बहानेबाजी छोड़ने के लिए सिर्फ एक लाईन याद कर लो कि कोई भी इंसान शरीर से विकलांग नहीं होता वो सिर्फ मन से विकलांग होता है। इस अध्याय में हम यह जानने का प्रयास करेंगे कि यह रोग हमें और किस तरह के नुकसान पहुंचा सकता है और इससे कैसे बचा जा सकता है।

- विद्वान लोग बहानेबाजी को झूठ बोलने से भी बड़ा पाप मानते हैं।

- हमारी असफलताओं की शुरुआत बहानों की नींव से शुरू होती है।
- बहाने बना कर फिर उस पर सफाई देना सबसे बड़ी बेवकूफी होती है।
- हमारा सबसे अच्छा दोस्त और सबसे बड़ा दुश्मन हमारा दिमाग ही होता है।
- अक्सर लोग बड़ी जिम्मेदारी से बचने के लिए सबसे अधिक बहाने बनाते हैं।
- गुजरे हुए समय को लेकर बहाने बनाने से हम अपना सबसे अधिक नुकसान करते हैं।
- कामयाबी के सपने देखना और उन्हें हकीकत में तबदील करने में बहुत बड़ा फर्क होता है।
- जिद्दी लोग वो सब कुछ भी हासिल कर लेते हैं जो भगवान उनके मुकद्दर में नहीं लिखता।
- जो लोग जिम्मेदारी लेना और उसे निभाना जानते हैं वो जिदंगी में कभी भी बहाने नहीं बनाते।
- अगर हम एक बार बहाने बनाना शुरू कर दें तो सारे जीवन में कुछ भी और नहीं बना सकते।
- सबसे बड़ी सफलता पाने के लिए इच्छाशक्ति के साथ कल्पनाशक्ति का साथ भी जरूरी होता है।
- इस दुनिया में दो ही किस्म के लोग होते हैं एक जो बड़े लक्ष्य बनाते हैं दूसरे जो बहाने बनाते हैं।
- अगर किसी व्यक्ति का मकसद सिर्फ नौकरी पाना है तो वो सारी उम्र नौकर बन कर ही गुजारेगा।
- अगर जीवन में कुछ अनूठा करने की चाह हो तो सबसे पहले बहानों को अपने से दूर करना होगा।
- जीवन को बेहतर बनाने के लिए हमें या तो कुछ बदलाव करने होंगे वरना कुछ बहाने ढूंढने पड़ेंगे।
- कामयाबी की राह पर चलने की शुरुआत उस समय से होती है जब हम बहाने बनाना बंद करते हैं।
- कामयाबी कभी भी मांगने से नहीं मिलती, इसे तो अपनी हिम्मत और हौसले के दम पर कमाना पड़ता है।

- इंसान को इतना भी कमजोर नहीं होना चाहिए कि मौसम के बदलते ही फसल की तरह बर्बाद होने लगे।
- बाहरी लोग तो हमसे सिर्फ मुकाबला करते हैं, बहाने बना कर हम खुद ही अपने जीवन को बर्बाद कर देते हैं।
- जो व्यक्ति अपने अंदर छिपे हुए गुणों को पहचान लेता है, वो फिर सारी उम्र के लिए बहानेबाजी भूल जाता है।
- बहाने बनाने का सबसे बड़ा नुकसान यह होता है कि हम सारा जीवन अपनी गलतियों में सुधार नहीं कर पाते।
- हार के लिए तो बहुत सारे बहाने मिल जाएंगे, मज़ा तो तब है जब हम जीत के लिए कुछ खास कारण ढूंढ पाएं।
- जो लोग अपने लक्ष्य को पाने के लिए सच में गंभीर होते हैं उनके पास किसी किस्म का कोई बहाना नहीं होता।
- आज के काम को कल पर और कल के काम को परसों पर टालने वाले जिदंगी में कभी कोई करिश्मा नहीं कर पाते।
- उन लोगों से सदा ही दूरी बना कर रखनी चाहिए जो हर काम को न करने के लिए बहाने बनाने में माहिर होते हैं।
- सबसे बढ़िया बहाना एक ही है कि "मैं किसी काम के लिए कोई बहाना नहीं बनाता", सीधे साफ ही मना कर देता हूं।
- हम में से अधिकतर लोग अपनी कमजोरियां, असफलताओं को छिपाने के लिए किसी न किसी झूठ का सहारा लेते हैं।
- इस दुनिया में कोई भी डॉक्टर या हकीम एक बीमारी का इलाज नहीं कर सकता, उस बीमारी का नाम है, बहानेबाजी।
- भगवान ने हम सभी को एक जैसा बना कर भेजा है इसलिए कभी भी खुद को दूसरों से कम नहीं आंकना चाहिए।
- बहाने बनाने में हम लोग जितना समय और शक्ति बर्बाद करते हैं उससे कम समय में बहुत कुछ नया सीख सकते हैं।
- बहाने बनाने वालों को कभी कुछ नहीं मिलता जबकि कर्म करने वाले अपने साथ दूसरों के जीवन को भी बदल देते हैं।
- कई लोग कभी भी एक कदम पैदल नहीं चलते क्योंकि उन्हें गर्मियों में बहुत गर्मी लगती है और सर्दियों में बहुत ठंड लगती है।

- हर चीज हालात के मुताबिक ही ढलती है, आप सफल होने का माहौल तैयार कर दो, वो खुद ही आपके पास दौड़ी चली आएगी।
- बाहरी बातें सुन कर आज तक कोई महान नहीं बन पाया, अपने अंदर की बात सुनने वाले महान ही नहीं भगवान बन जाते हैं।
- कामयाबी और नाकामी दोनों ही हमारे जीवन के अभिन्न अंग हैं, इसलिए नाकामी से डर कर कोई गलत कदम नहीं उठाना चाहिए।
- आजकल दिल की बात को समझने वाले बड़ी मुश्किल से मिलते हैं क्योंकि जो भी मिलता है कुछ नया ही समझा कर चला जाता है।
- बहाने बनाने वालों को इतना तो याद रखना चाहिए कि यह न तो उनके दोस्तों को न ही उनके विरोधियों को अच्छे लगते हैं।
- सिर्फ सफलता की कहानियां सुनने, समझने से कुछ नहीं होता, जब तक हम खुद संघर्ष नहीं करेंगे हम जीवन में कामयाब नहीं हो सकते।
- होनहार इंसान हर तरह की परिस्थितियों में संभावनाओं को तलाशते हैं जबकि कमज़ोर या यूं कहिए कि कामचोर इंसान बहाने ढूंढ़ते हैं।
- जो काम हमें दिल से अच्छा लगता है उसे तो हम किसी न किसी तरह से पूरा कर ही लेते हैं, बाकी सभी चीजों के लिए तो बहाने होते ही हैं।
- कुछ लोग बहाने बनाने की बजाए काम इस ढंग से करते हैं कि सामने वाले को कहना पड़ता है कि भाई तुम रहने ही दो, हम खुद ही कर लेंगे।
- बहानेबाजी से बचने का सबसे बढ़िया तरीका यह भी है कि आप अपनी सोच से लेकिन, किन्तु, परन्तु जैसे शब्दों को सदा के लिए खत्म कर दो।
- हमारे जीवन के हालात चाहे कैसे भी हों, मन में बड़ी सफलता पाने की चिंगारी होनी चाहिए उसके बाद कभी कोई बहाना सोचने की नौबत नहीं आएगी।
- बात चाहे डॉ. अब्दुल कलाम साहब की हो या सचिन तेंदुलकर की, जो भी इस बहानेबाजी की बीमारी से दूर रहा है दुनिया उनकी दीवानी हो गई है।
- कुछ लोग जितनी तेजी से अपनी जुबान चलाते हैं अगर उतनी ही गति से वो अपने हाथ भी चलाने शुरू कर दें तो बहुत सारे करिश्मे हो सकते हैं।
- सुस्त लोगों को सैलरी कम मिले या ज्यादा उनसे उन्हें कोई फर्क नहीं पड़ता लेकिन उनको एक साल में दो बार छह-छह महीने की छुट्टी जरूर चाहिए।

- दुनिया के कई करोड़पति लोग अपनी स्कूल कॉलेज की पढ़ाई भी ठीक से पूरी नहीं कर पाए, लेकिन उन्होंने अपनी इस कमजोरी का कभी कोई बहाना नहीं बनाया।
- अनेक बहानेबाज हर दिन किस्मत को दोष देते हैं जबकि इस दुनिया में हजारों ऐसे उदाहरण हैं जिन्होंने सैकड़ों कमियां होते हुए भी दुनिया में करिश्मे कर दिखाए हैं।
- बहानेबाजी की बीमारी इतनी खतरनाक होती है कि इसके लगने से हमें शारीरिक तौर पर तो ज्यादा नुकसान नहीं होता लेकिन हमारा भविष्य जरूर अंधकारमय हो जाता है।
- अधिकांश लोग बहानों का सहारा इसलिए लेते हैं ताकि वो बड़ी जिम्मेदारी लेने से बच सकें। उन्हें लगता है कि उनसे वो काम नहीं हो पाएगा या वो उस काम को नहीं कर सकते।
- समय की कमी का बहाना बनाने वालों को एक बात पर ध्यान देना होगा कि हम सभी के पास एक जैसा टाईम होता है, सिर्फ जरूरत होती है टाईम-मैनेजमेंट पर ध्यान देने की।
- कुछ भी बहाने बनाने से पहले हमें एक बार जरूर अपने आप से यह पूछना चाहिए कि क्या मैं सच में कुछ भी करने के काबिल नहीं हूं। अगर कुछ करने की हिम्मत और जोश है तो बहानों को लात मार कर दिमाग से बाहर कर दो।
- कई लोग रिटायर्ड होते ही सब कुछ करना छोड़ देते हैं, उन्हें लगता है कि अब तो उनकी उम्र निकल चुकी है अब वो कुछ नहीं कर सकते। जबकि सच यह है कि उम्र के इस पड़ाव पर वो सारे शौक अच्छे से पूरे कर सकते हैं जो जवानी में नहीं कर पाए।
- आप छोटे हो, लबें हो, आपकी आवाज मोटी है या पतली, आपको अग्रेजी आती है या नहीं, आप गांव में रहते हो या शहर में, इन बातों से आपकी सफलता पर कोई फर्क नहीं पड़ता। जो इंसान थकता, थमता और रुकता नहीं वो इस दुनिया में सब कुछ कर सकता है।

10.

बिजनेस में बड़ी कामयाबी

बिजनेस के बारे में हमारे देश में बहुत सारी अलग-अलग धारणाएं बनी हुई हैं। कुछ लोगों का यह मानना है जो लोग अच्छे से पढ़ाई-लिखाई कर लेते हैं वो बड़े सरकारी अफसर बन जाते हैं या किसी अच्छी कम्पनी में नौकरी करने लगते हैं। जो किसी कारणवश ठीक से नहीं पढ़ पाते वो अपना कोई छोटा-मोटा व्यापार शुरू कर लेते हैं। यह सोच किसने और कब बनाई, लेकिन यह बिलकुल गलत है। हर इंसान अधिक से अधिक पैसा कमा कर अमीर इंसान बनना चाहता है। एक बात तो पक्की है कि नौकरी चाहे कितनी भी अच्छी क्यों न हो लेकिन उससे कोई भी व्यक्ति बहुत बड़ा इंसान नहीं बन सकता। आज दुनिया बहुत छोटी हो चुकी है। हमारे पास अगर कोई ग्रेट आईडिया है तो उसे सिर्फ अपने शहर या देश में ही नहीं बल्कि विदेशों तक पहुंचा कर बड़ा बिजनेस आसानी से किया जा सकता है। यहां एक बात जरूर कहना चाहेंगे कि बेशक हम शुरू में बिलकुल अकेले ही अपना व्यापार शुरू करें, परंतु अगर उसे बुलंदियों तक पहुंचाना है तो उसके लिए हमें अच्छी टीम की जरूरत होती है। अनुभवी लोग बताते हैं कि दूसरे लोगों के साथ मिल कर काम करने से तरक्की और सफलता की राह काफी आसान हो जाती है। एक शोध में यह भी पाया गया है कि जो लोग सफलता, सेहत, खुशी या खूबसूरती से जुड़े हुए किसी भी प्रकार का काम करते हैं वो अपने बिजनेस में बहुत जल्द बड़ी कामयाबी हासिल कर लेते हैं।

- हमारे काम से अधिक हमारी सोच हमें कामयाब बनाती है।
- बड़ी सोच के साथ बड़े लक्ष्य ही सफलता दिला सकते हैं।
- आशावादी सोच हमें हमेशा सफलता के करीब ले जाती है।

- कामयाब व्यापारी पैसे से अधिक सफलता को महत्त्व देते हैं।
- ईमानदार और मेहनती साथियों का अच्छे से ख्याल रखना चाहिए।
- अपने आक्रामक रुख को बड़ी उपलब्धियों में बदलने का प्रयास करना चाहिए।
- व्यापार में सफलता की सच्ची प्रेरणा सफल कारोबारियों से ही मिल सकती है।
- बिना जोखिम उठाए व्यापार में आज तक कोई भी इंसान सफल नहीं हो पाया।
- दूसरों से आगे रहने के लिए उनसे अधिक और पहले सोचने का स्वभाव बनाओ।
- बिजनेस में सफलता दिलाने के दो सबसे ताकतवर टिप्स- हिम्मत और हौसला हैं।
- लगातार कुछ नया किए बिना सफलता की चोटी पर बने रहना मुश्किल होता है।
- हर दिन कुछ अतिरिक्त प्रयास करने वाले किसी भी बिजनेस में असफल नहीं होते।
- हमारा ग्राहक छोटा हो या बड़ा लेकिन हर हाल में उसे संतुष्ट जरूर रखना चाहिए।
- अनुभवी व्यापारी अच्छे से जानते हैं कि ठोकरें ही चलना और आगे बढ़ना सिखाती हैं।
- अपने घर में आराम से सुरक्षित बैठ कर कोई भी बिजनेस बड़ा नहीं बनाया जा सकता।
- आज के समय में घर बैठे विदेशी कम्पनियों के साथ व्यापार शुरू किया जा सकता है।
- व्यापार करते समय सिर्फ व्यापार करो, उसके अलावा बाकी सारी दुनिया को भूल जाओ।
- सफल व्यापारी के चेहरे की मुस्कुराहट उसके बिजनेस को बहुत तेजी से बढ़ा सकती है।
- आज व्यापार सिर्फ अपने देश की सीमा तक नहीं बल्कि सारी दुनिया तक फेला सकते हैं।

- कोई भी कारोबार अपने आप नहीं चलता, जैसा हम सोचते हैं वैसे ही वो चलने लगता है।
- अपने साथियों को बेहतर काम करने के लिए प्रेरित करके अच्छे नतीजे पाए जा सकते हैं।
- एक-एक पैसे की बहुत कीमत होती है, कभी भी कोई पैसा बेकार के कार्य में मत लगाइये।
- नई बात, नई खोज़ और नवीनता जैसे अल्फाज़ हर कारोबारी को सदैव याद रखने चाहिए।
- अनुशासन और उसकी अहमियत को समझे बिना सफलता पाना काफी मुश्किल हो जाता है।
- आत्मविश्वास में इतनी ताकत होती है कि वो अंधकारमयी दुनिया में भी उजाला कर सकता है।
- व्यापार में निर्णय लेते समय मन में किसी किस्म का डर या निराशा का भाव नहीं होना चाहिए।
- सफल बिजनेसमैन को कभी भी न तो खुद पर और न ही अपने व्यापार पर कोई शक होता है।
- बड़ी सोच और दूरदृष्टि (विजन) एक साथ मिल जाएं तो फिर कुछ भी करिश्मे किए जा सकते हैं।
- अपनी सफलता की खुशी बेशक मत मनाओ परंतु अपनी हर असफलता से सीख लेना मत भूलना।
- कस्टमर की जरूरतों को ध्यान में रख कर उत्पाद बनाने वाले ही सबसे बड़ा कारोबार चला पाते हैं।
- शरीर से हम बेशक बूढ़े हो जाएं एक सफल व्यापारी अपने दिमाग को कभी भी बूढ़ा नहीं होने देता।
- कोई भी उत्पाद बनाने के बाद उसे बेचने की कला हमारी कामयाबी का सबसे बड़ा हिस्सा होती है।
- किसी भी बिजनेस में रिस्क तभी तक होता है जब हम बिना सोच विचार के उसमें निवेश कर देते हैं।
- जो इंसान जितना अधिक आज सीख पाएगा उतना ही अधिक वो आने वाले समय में कमा सकता है।

- बड़े से बड़े प्रोजेक्ट को छोटे-छोटे हिस्सों में बांट देने से सफलता की राह बहुत आसान हो जाती है।
- ग्राहकों की जरूरतों को ध्यान में रखे बिना किसी भी कारोबार को बड़ा बनाना नामुमकिन हो जाता है।
- एक सफल व्यापारी बिजनेस शुरू करने से पहले अपने ब्रांड को बाजार में अच्छे से स्थापित करता है।
- छोटी-मोटी कमियां तो हमेशा आती ही रहेंगी, आप सफलता की राह पर निडर हो कर आगे बढ़ते रहो।
- सोच-विचार कर बनाई गई योजना और रणनीति के साथ किया गया कारोबार सदा ही सफल होता है।
- किसी भी बिजनेस को बिना सीखे और सिर्फ उसके मुनाफे को देख कर करना सबसे बड़ी मूर्खता होती है।
- हम उससे कहीं अधिक बड़ा बिजनेस कर सकते हैं जितना कि हम सोचते हैं कि हम अभी कर पा रहे हैं।
- इंटरनेट के इस युग में किसी भी अंतरराष्ट्रीय स्तर पर अपने बिजनेस को आसानी से बढ़ाया जा सकता है।
- कोई भी लेन-देन करते समय होशियारी से अधिक सरल स्वभाव रखना अधिक महत्त्वपूर्ण भूमिका निभाता है।
- दूसरे लोग क्या कह रहे हैं इससे अधिक इस बात का ध्यान रखना चाहिए कि वो क्या और कैसे कर रहे हैं।
- बिजनेस को टॉप पर बनाए रखने के लिए उसके प्रचार, प्रसार और विस्तार का भी पूरा ध्यान रखना चाहिए।
- कभी भी एक ही उत्पाद पर निर्भर न रहें, हमेशा एक से अधिक उत्पाद बनाने और बेचने से ही साख बढ़ती है।
- किसी भी बिजनेस में सफल लोगों के साथ असफल लोगों से मिल कर ही सभी बारीकियां समझी जा सकती हैं।
- इस दुनिया में शायद सबसे मुश्किल काम है सही ढंग से सोचना। इसीलिए अधिकतर लोग बहुत कम सोचते हैं।
- कोई भी व्यापार शुरू करने से पहले यह जरूर समझें कि हमें किस तरह की मुश्किलों का सामना करना पड़ सकता है।

- किसी भी इंसान को परेशानियां, कठिनाइयां सिर्फ उस समय दिखाई देती हैं जब उसका ध्यान लक्ष्य की और नहीं होता।
- आजकल व्यापार करना भी शतरंज की तरह हो गया है, एक छोटी-सी गलती हुई नहीं कि सारी बाजी पलट जाती है।
- अधिकतर कारोबारी अपने शुरूआती दिनों में कई बार असफलता से टकराने के बाद ही सफलता का स्वाद चख पाते हैं।
- बिजनेस में असफल होना आम बात है, बस असफल होने के बाद और अधिक समझदारी से काम करना शुरू कर दो।
- दूसरों से आगे निकलने का सबसे अच्छा समय वो होता है जब वो अपना टाईम बेकार के कार्यों में बर्बाद कर रहे होते हैं।
- हम कितना कुछ बेच चुके हैं उसका हिसाब बनाने से पहले यह देखना जरूरी होता है, हमें अभी और कितना कुछ बेचना है।
- हमारी सोच के अनुसार ही हमारा व्यापार भविष्य में तरक्की कर पाता है, यह जानते हुए भी न जाने लोग बड़ा क्यों नहीं सोचते।
- अगर आप विदेशों में अपना कारोबार पहुंचाना चाहते हैं, तो सबसे पहले अपने लोकल बिजनेस वाली सोच को बदलना होगा।
- हर व्यापारी अपने कारोबार में सफल तो होना चाहता है लेकिन सफल होने के लिए उसके हिसाब से तैयारी नहीं करना चाहता।
- जो लोग शुरू से ही व्यवस्थित ढंग से काम करते हैं वो फिर सभी वो कार्य कर सकते हैं जो कुछ वो जीवन में करना चाहते हैं।
- अपनी सेहत की तरह अपने बिजनेस की सेहत का भी पूरा ध्यान रखना चाहिए जिससे वो हर समय युवा और स्वस्थ दिखाई दे।
- हर व्यापार में उतार-चढ़ाव आते रहते हैं उनसे डरने की जरूरत नहीं होती क्योंकि वक्त कैसा भी हो कुछ देर में गुज़र ही जाता है।
- हमारा व्यापार चाहे किसी भी क्षेत्र से जुड़ा हो कभी भी दूसरों की नकल नहीं करनी चाहिए, क्योंकि असल हमेशा असल ही रहता है।
- सबसे सफल कारोबार का एक ही रहस्य है कि आप कुछ ऐसा जानने की कोशिश करो जिसके बारे में लोगों ने अभी कुछ सुना ही न हो।
- हमारी टीम में लोग कम हों या ज्यादा उससे अधिक महत्त्वपूर्ण यह होता है कि वो सभी बहुत कुशल, निपुण और योग्य होने चाहिए।

- हमारा उत्पाद बेशक कैसा भी हो उसकी प्रमोशन कुछ इस तरह से करनी चाहिए ताकि हर ग्राहक उसे लेने पर मजबूर हो जाए।
- अपने काम की कमियों से कभी नहीं डरना चाहिए, जो अपनी कमजोरियों को बर्दाशत नहीं कर सकते वो कभी भी तरक्की नहीं कर पाते।
- अपने ग्राहकों से समय-समय पर फीडबेक जरूर लेते रहें, इससे बिजनेस में सुधार करने के लिए बहुत सारी नई जानकारी मिल सकती है।
- हमारे भविष्य के बारे में हमें कोई नहीं बता सकता, लेकिन हम अच्छे से सोच-विचार करके भविष्य के लिए सफल योजना जरूर बना सकते हैं।
- कुदरत हमें सिखाती है कि अच्छे फल को आने में समय लगता है इसलिए हमें भी सफल इंसान बनने के लिए जल्दबाजी नहीं करनी चाहिए।
- हम कल क्या कुछ करेंगे इस बात से किसी को कोई फर्क नहीं पड़ता लोग तो सिर्फ यह देखना चाहते हैं कि हम आज क्या कर रहे हैं।
- सबसे अच्छा काम करने का सिर्फ इतना मतलब होता है कि जब हमें कोई न भी देख रहा हो उस समय भी उसे अच्छे ढंग से करते रहें।
- आजकल लोगों का रुझान बहुत तेजी से बदल रहा है, इसलिए जो भी बिजनेस करें उसके बारे में इतना जरूर जांच लें कि वो लबें समय तक चलने वाला हो।
- हर व्यापार में थोड़ा बहुत जोखिम तो होता ही है, लेकिन कभी भी इस डर को अपने अंदर हावी मत होने दें। खतरों से खेलने वाले ही सफल खिलाड़ी बन पाते हैं।
- कुछ लोग अपना सामान बेचने में बहुत माहिर होते हैं, लेकिन इसी के साथ इस बात का ध्यान भी रखना चाहिए कि हमारी पेमेंट भी साथ-साथ आती रहे।
- अपने व्यापार को आगे बढ़ाते समय हर कदम बहुत ध्यान से उठाना चाहिए क्योंकि एक छोटी-सी गलती बरसों से कमाई गई प्रतिष्ठा को नुकसान पहुंचा सकती है।
- हमारा सामान कितना भी अच्छा क्यों न हो लेकिन आज बाजार में सिर्फ ब्रान्ड की कीमत मिलती है। इसलिए पहले दिन से अपने ब्रान्ड की पहचान बनाने के प्रयास करें।

- बड़ा बिजनेस करने वाले अपनी सारी योजना इस तरह से बनाते हैं कि उनका काम हर साल खुद-ब-खुद आगे बढ़ता रहे और उसी के साथ कमाई भी बढ़ती जाए।
- अक्सर सुनने में आता है कि अमीर लोग पैसा, सोना-चांदी, अपना व्यापार त्याग देते हैं। आपने अगर बड़ा आदमी बनना है तो आप असफलता और निराशा को त्यागने की कोशिश करो।
- आज के दौर में सिर्फ अपने शहर या उसके आसपास काम करके कोई भी व्यापार अधिक समय तक नहीं चलाया जा सकता। उसके लिए बहुत बड़ी योजनाओं की जरूरत होती है।
- कोई भी नया बिजनेस शुरू करते समय फायदे और नुकसान के साथ यह भी जरूर देखना चाहिए कि हमें उस काम से कितना लगाव है। इससे हम उसकी बारीकियों को बहुत जल्दी से समझ पाते हैं।
- अपने प्रोडक्ट या सेवा का विज्ञापन बनाते समय इस बात का जरूर ध्यान रखें कि हमारा एक विज्ञापन हमें एक ओर लाखों ग्राहक दिला सकता है तो दूसरी ओर उसमें एक छोटी-सी गलती लाखों लोगों को हमसे दूर भी कर सकती है।
- हमारे व्यापार के साथ जो लोग भी जुड़े हुए हैं, उनका हर कुछ समय के बाद विश्लेषण करना जरूरी होता है कि वो अच्छे से काम कर पा रहे हैं या नहीं। यदि नहीं तो उसके कारणों की जांच करके तुरंत उन्हें ठीक करना चाहिए।

11.

जिदंगी जिंदाबाद

सदियों से इंसान जिदंगी के सफर को खुशहाल और सुहावना बनाने की कोशिश में लगा हुआ है। कोई कहता है जिदंगी हर दिन एक नया इम्तिहान लेती है जबकि कुछ लोगों का यह मानना है इम्तिहानों ने जिदंगी ले रखी है। हर कोई दिन-रात मेहनत करके अपनी जिदंगी को चांदनी की तरह हसीन और खूबसूरत बनाना चाहता है, लेकिन अचानक से कुछ ऐसा हो जाता है कि वो फिर से अंधियारी रात में बदल जाती है। जिस प्रकार फूल के साथ कांटे होते हैं उसी तरह थोड़े बहुत कष्ट, परेशानियों का रोजमर्रा की लाईफ में आना तो समझ में आता है, लेकिन ऐसा क्या किया जाए जिससे जिदंगी को सदा के लिए खुशहाल बनाया जा सके। जहां तक हम समझ पाए हैं कि अपने जीवन के हर पल का आनंद लेने के लिए सबसे पहले हमें दूसरों से अपेक्षा को छोड़ना होगा। इसी के साथ जो कुछ हमारे पास है उसी से संतोष का स्वभाव होना जरूरी है। कुछ लोगों को अपने चारों ओर सिर्फ समस्याएं ही दिखाई देती हैं। लेकिन बुद्धिमान लोग उनमें से भी संभावनाएं तलाश लेते हैं। अगर हमारी सोच सकारात्मक हो तो हम हर समस्या का मुकाबला आसानी से कर सकते हैं। जो लोग इस तरह का व्यवहार बना लेते हैं वो हमेशा एक ही बात कहते हैं कि जिदंगी जिंदाबाद।

- सबसे बड़ी खुशी छोटी-छोटी बातों को समझने से मिलती है।
- जो व्यक्ति खुद से कभी झूठ नहीं बोलते वो सदैव खुश रहते हैं।
- बुद्धिमान लोग छोटी-छोटी बातों पर बेचैन और क्रोधित नहीं होते।
- आराम को त्यागे बिना जिदंगी को खुशहाल नहीं बनाया जा सकता।

- जो कुछ हमारे नियंत्र में नहीं है, उसकी कभी चिंता नहीं करनी चाहिए।
- हमारी सोच ही हमें किसी का दोस्त और किसी का दुश्मन बना देती है।
- जो व्यक्ति सभी से झुक कर मिलता है, उसी का कद सबसे बड़ा होता है।
- अज्ञानी इंसान सिर्फ शरीर से बड़ा हो सकता है, ज्ञान और विचारों से नहीं।
- स्वस्थ और संतुष्ट मन से ही हर प्रकार के सही निर्णय लिए जा सकते हैं।
- जब तक मन अशांत रहता है हम कोई भी निर्णय सही ढंग से नहीं ले पाते।
- उम्र के बढ़ने के साथ ही समझ आता है कि माता-पिता ठीक ही समझाते थे।
- ज्ञान की अहमियत को समझे बिना भविष्य का निर्माण नहीं किया जा सकता।
- दिमाग से आप दुनिया को जीत सकते हो, दिल तो दिल से ही जीते जाते हैं।
- खुले और साफ दिल के इंसान ही खुल कर खुशी-खुशी जिदंगी जी सकते हैं।
- अपना हर रास्ता साफ करने के लिए दूसरों को माफ करने का स्वभाव बना लो।
- अपनी पहली हार को कभी भी आखिरी हार समझने की भूल नहीं करनी चाहिए।
- खूबसूरत लोग हमेशा अच्छे नहीं होते, लेकिन अच्छे लोग हमेशा खूबसूरत होते हैं।
- जिदंगी एक आईने की तरह होती है, यह तभी मुस्कुराती है जब हम मुस्कुराते हैं।
- जिदंगी जीने के असली सबक ठोकरें, कठिनाइयां और अनुभव ही सिखा सकते हैं।

- नये विचारों को अपनाने से पहले हमें पुराने विचारों को हर हाल में छोड़ना ही होगा।
- शिकवे-शिकायतों से दूर रह कर ही महान कार्य करने के बारे में सोचा जा सकता है।
- गरीबी, ख्वाहिशें और जिद्द भुला कर जिदंगी के बाकी सारे सबक अच्छे से सिखा देती है।
- कई बार "हैलो और धन्यवाद" जैसे छोटे अक्षर सारी उम्र के लिए रिश्तों को जोड़ देते हैं।
- हमारी जिदंगी का उद्देश्य सिर्फ इतना-सा है कि हम अपनी जिदंगी को एक खास उद्देश्य दें।
- जब तक हम जिंदा हैं हमें हर दिन जिदंगी कैसे जीनी है इसके बारे में सीखते रहना चाहिए।
- छोटे-बड़े के भेदभाव को मिटाए बिना किसी भी बड़े लक्ष्य तक पहुंचना नामुमकिन हो जाता है।
- जिदंगी को समझने के लिए थोड़ा पीछे देखना जरूरी होता है और जिदंगी जीने के लिए आगे देखो।
- अफसर कितने ही साहसी व निडर क्यों न हों परंतु धैर्य रख कर ही अपनी ड्यूटी अच्छे से निभा पाते हैं।
- अपने जीवन से डर को निकाल दिया जाए तो बहुत सारे अनूठे काम भी आसानी से पूरे होने लगते हैं।
- जिदंगी में सदा खुश रहना है तो बेकार के लोगों को छोड़ कर किसी खास मकसद से दोस्ती कर लो।
- यह सच है कि पैसों का बहुत मोल होता है लेकिन हमें यह नहीं भूलना चाहिए कि रिश्ते अनमोल होते हैं।
- इस दुनिया में सूरज की तरह चमकने वाले लोग पहले खुद को बरसों तक संघर्ष की आग में जलाते हैं।
- वैसे तो दुनिया वाले बहुत धक्के मारते हैं परंतु आगे बढ़ने के लिए खुद ही खुद को धक्का मारना पड़ता है।

- बदलाव से कभी मत डरो क्योंकि कई बार एक छोटा-सा बदलाव जिंदगी में बड़ी सफलता दिला सकता है।
- दूसरों के गुस्से से बचने का सबसे आसान तरीका एक ही है कि पहले खुद अपने गुस्से से बचना सीखो।
- जिदंगी में सुखी होने के बहुत सारे रास्ते हैं, लेकिन दूसरों से अधिक सुखी होने का कोई रास्ता नहीं होता।
- हम हर चीज़ खरीदने से पहले उसकी गारंटी पूछते हैं, जबकि हमारी अपनी जिदंगी की कोई गारंटी नहीं होती।
- हमेशा अपना व्यक्तित्व ऐसा बनाने की कोशिश करो कि दूसरे लोग खुद आगे बढ़ कर आपसे बात करना चाहें।
- रिश्ता बेशक कोई भी हो लेकिन जब तक उसमें अपनेपन की महक नहीं होती उसे निभाना कठिन हो जाता है।
- जंग के मैदान में ज्ञान और उपदेश का कोई महत्त्व नहीं होता वहां तो गोली का निशाना सबसे अच्छा होना चाहिए।
- आजकल जो जरूरत से अधिक अच्छा बनने की कोशिश करता है उतना ही दूसरे लोग उसका इस्तेमाल करने लगते हैं।
- दूसरों के प्रति कभी भी ईर्ष्या के भाव नहीं रखने चाहिए, इससे सिर्फ हमारा अपना मन ही आशांत होने लगता है।
- जिदंगी की शुरुआत में आसान रास्ता चुनने वालों को बाद में सबसे अधिक कठिनाइयों का सामना करना पड़ता है।
- एक विचारहीन इंसान बिलकुल उसी तरह होता है जैसे एक हवाई जहाज बिना दिशा सुई (कम्पस) के कहीं नहीं पहुंच पाता।
- जिदंगी को खुशहाल बनाने के लिए अपने जोश में उस समय तक कमी मत आने दो जब तक लक्ष्य तक नहीं पहुंच जाते।
- जब तक लोग हमारे कार्यों को देख कर हमारा मज़ाक नहीं उड़ाते तो हमें समझ लेना चाहिए कि अभी हमारे लक्ष्य बहुत छोटे हैं।
- हमारी उम्र बेशक कुछ भी हो, हम जब भी चाहें अपने जीवन में बड़े बदलाव लाकर दुनिया के सामने मिसाल कायम कर सकते हैं।

- अपनी सफलता पर तो हर कोई खुशी मनाता है, बुद्धिमान लोग दूसरों की कामयाबी पर भी उतना ही आनंद महसूस करते हैं।
- हमारे जीवन में जो कुछ होता है, वो अच्छे के लिए ही होता है, इसलिए हमे सदैव अच्छा बनने के प्रयास करते रहना चाहिए।
- जो चीज़ हमारी नहीं है, न तो उसकी और हमें आंख उठा कर देखना चाहिए और न ही उसे पाने की इच्छा मन में पालनी चाहिए।
- ध्यान करने का मतलब आखें बंद करना नहीं बल्कि खोलना होता है क्योंकि अज्ञानता के चलते हमारी आखें तो पहले से ही बंद हैं।
- महापुरुषों को सभी धर्मों में सच्चाई और इंसानियत दिखाई देती है जबकि छोटी सोच वालों को सिर्फ भेद-भाव ही नज़र आता है।
- यदि हमारे देश में लोग एक दूसरे की टांग खींचने की बजाए हाथ पकड़ कर चलने लगे तो बहुत जल्द सारा देश तरक्की कर सकता है।
- जब तक हम अपने से पहले दूसरों का ख्याल नहीं रखेंगे उस समय कुछ बड़ा करने या बड़ा इंसान बनने के बारे में सोचना भी बेकार है।
- जो चीज़ हमें दिल से पसंद हो उसे पाने के लिए कोई न कोई रास्ता ढूंढ़ ही लेते हैं, वरना बहानों की तो किसी के पास भी कमी नहीं होती।
- अगर हम सब कुछ अपनी मन-मर्जी मुताबिक करते रहेंगे तो हम वो सभी काम कभी नहीं कर पाएंगे जो हमारी जिदंगी को बेहतर बना सकते हैं।
- प्रभु परमेश्वर दुनिया के सभी जीवों का ख्याल रखते हैं, हम कम से कम चंद लोगों की जिदंगी को बेहतर बनाने की कोशिश तो कर ही सकते हैं।
- झूठ बोलना आसान होता है लेकिन सारी उम्र परेशान करता है, सच बोलना थोड़ा कठिन जरूर होता है लेकिन सारा जीवन सुख और शांति बहुत देता है।
- वैसे तो हमारे जीवन में बहुत सारे गुरु होते हैं जिनसे हम बहुत कुछ सीखते हैं लेकिन "जिदंगी" जो सबक सिखाती है वो कोई और नहीं सिखा सकता।

- हमारी एक इच्छा पूरी होते ही अनेकों इच्छाओं का जन्म होने लगता है। आज तक कोई भी इंसान ऐसा नहीं हुआ जो अपनी सभी इच्छाओं को पूरा कर पाया हो।
- अगर हमें कोई यह कहता है कि हम कोई खास काम नहीं कर सकते तो इसका सिर्फ यही मतलब होता है कि हम यह काम उनके साथ मिल कर नहीं कर सकते।
- जिस प्रकार न तो बहुत अधिक गर्मी और न ही बहुत अधिक सर्दी अच्छी होती है, ठीक उसी तरह बहुत ज्यादा चुप रहना और बहुत अधिक बोलना भी परेशानी खड़ी कर देते हैं।
- एक भिखारी और एक करोड़पति दोनों के पास ही दिन के 24 घण्टे होते हैं, अब यह हम पर निर्भर करता है हम अपने समय का अधिक से अधिक कैसे इस्तेमाल कर सकते हैं।

12.

मिशन मुमकिन

मुमकिन और नामुमकिन की बात पर गौर से विचार किया जाए तो महान हस्तियों की यह बात बिलकुल सही लगती है कि मन मजबूत हो तो सब कुछ मुमकिन है। कोई भी कार्य हमें सिर्फ उस समय तक नामुमकिन लगता है जब तक हम उसके बारे में ठीक से नहीं जानते। इससे यह बात साफ हो जाती है कि मुमकिन और नामुमकिन जैसे अल्फाज़ सिर्फ हमारी दिमागी सोच की उपज़ है। हमारे दिमाग के पास ऐसी शक्तियां हैं जो हर कार्य को मुमकिन बना सकती हैं। कल तक किसी ने सपने में भी नहीं सोचा था कि आदमी आसमान में उड़ पाएगा। आज दुनिया का ऐसा कोई भी देश नहीं है जहां हम हवाई जहाज से उड़ कर नहीं पहुंच सकते। बचपन में हमें साईकल चलाना बहुत मुश्किल लगता था, लेकिन जैसे हम थोड़े बड़े होते हैं हम तेजी से कार चलाने के साथ संगीत का भी आनंद लेते रहते हैं। इतना ही नहीं अगर कोई साथ बैठा हुआ है तो उससे बातचीत करने के साथ हम सड़क पर भी पूरा ध्यान रखते हैं। हमारे ही देश के दशरथ मांझी जुनून की ऐसी अनूठी मिसाल हैं जिन्होंने बिलकुल अकेले 22 साल तक सिर्फ एक हथौड़ी और छेनी के साथ 30 फीट ऊंचें पहाड़ का सीना चीर कर गांव वालों के लिए रास्ता बना दिया। इन बातों को समझने के बाद यह कहा जा सकता है कि अगर हमारे पास सकारात्मक विचार और सही किस्म के हथियार हों तो फिर सब कुछ मुमकिन है।

- विचार सकारात्मक हों तो सब कुछ मुमकिन होता है।
- बड़ी सोच की बदौलत ही हम बड़ी सफलता को पा सकते हैं।

- सुनहरे भविष्य के दरवाजे सिर्फ मेहनत की चाबी से ही खुलते हैं।
- "कल" का कितना भी इंतजार कर लो लेकिन वो कभी नहीं आता।
- मन में एक़ बार पक्के से ठान लो तो फिर कुछ भी नामुमकिन नहीं लगेगा।
- आज वहां से सोचना शुरू करो जिसके बारे में आपने आज तक नहीं सोचा।
- जब तक हमें खुद पर विश्वास है उस समय तक कुछ भी असंभव नहीं होता।
- अपनी काबिलियत पर पूरा भरोसा रखने वाले अकेले ही लक्ष्य की और आगे बढ़ते हैं।
- जिस किसी को मिलो दिल से मिलो वरना एक दूसरे से दूर रहना ही ठीक रहता है।
- जो गंभीरता से जिम्मेदारी निभाना जानते हैं उनके लिए नामुमकिन कुछ भी नहीं होता।
- अपनी मानसिकता को बदलते ही हमें हर नामुमकिन काम मुमकिन दिखाई देने लगता है।
- हर नये दिन के साथ प्रभु हमें जिदंगी जीने और उसे बेहतर बनाने का खास मौका देते हैं।
- जब कभी भी नये अविष्कार होते हैं तो असंभव-सी दिखने वाली चीजें संभव होने लगती हैं।
- महान लोग "हंस" की तरह होते हैं वो अपने पास सिर्फ सच्चे मोतियों जैसे विचार रखते हैं।
- बात करने का अंदाज सदा ऐसा रखो कि सामने वाले का दिल बिना मोल दिये ही खरीद लो।
- आने वाले कल के बारे में कोई कुछ नहीं जानता, इसलिए उससे डरने की जरूरत नहीं होती।
- आजकल के लोग सिर्फ आग से ही नहीं जलते वो दूसरों के अंदाज से अधिक जलने लगे हैं।

- सफलता तो कभी किसी को अपने से दूर नहीं करती, हम ही डर कर उससे पीछे हो जाते हैं।
- भीड़ से अलग पहचान बनाना चाहते हो तो नामुमकिन को मुमकिन कर के तो दिखाना ही पड़ेगा।
- महान व्यक्ति बनने या महान कार्य करने के लिए उम्र कुछ भी हो उससे कोई खास फर्क नहीं पड़ता।
- जहां से शुरू कर सकते हो वहाँ से शुरुआत कर दो, मंजिल जरूर मिलेगी क्योंकि असंभव कुछ भी नहीं होता।
- महान व्यक्तित्व के लोग समझाते हैं कि अगर खुद पर भरोसा हो तो कभी भी निराशा आपके करीब नहीं आएगी।
- इस दुनिया का सबसे बड़ा सच यह है कि हम जिस भी चीज को पाने की ठान लें, उसे अपना बना सकते हैं।
- कभी भी इस बात पर बहस नहीं करनी चाहिए कि कौन सही है, बल्कि यह सोचना चाहिए कि क्या ठीक है।
- जब कभी हम अपनी बात दूसरों को ठीक से न समझा सकें उस समय हमें दूसरों की बात को समझ लेना चाहिए।
- प्यार से दूसरों के दिल जीतने का हुनर सीखना जरूरी है, दुनिया जीत कर तो सिकंदर भी खाली हाथ ही गया था।
- हमारे जीवन में नामुमकिन कुछ भी नहीं होता, यह नामुमकिन शब्द हमारे अपने डरे हुए दिमाग की ही उपज है।
- इस दुनिया में असंभव कुछ भी नहीं होता, जो कुछ हम सोच सकते हैं वो सब कुछ आसानी से पा भी सकते हैं।
- नामुमकिन जैसे दिखने वाले रिकार्ड तभी तोड़े जा सकते हैं जब हमारी रगों में खून के साथ जुनून भी दौड़ने लगे।
- किताबों की जानकारी और अनुभव मिल कर काम करना शुरू करें तो इस दुनिया में कुछ भी नामुमकिन नहीं लगेगा।
- जिदंगी में हर दिन के साथ कुछ ऐसा जरूर करना चाहिए जिससे हमारे आत्मविश्वास में लगातार बढ़ोतरी होती रहे।

- अपनी उम्मीद कायम रखने के साथ किसी दूसरे की भी उम्मीद बनो, इस दुनिया में बहुत सारे लोग नाउम्मीद हो चुके हैं।
- एक बात सदा याद रखनी चाहिए अगर दूसरा कोई व्यक्ति बड़े काम कर सकता है तो हम भी उसे अच्छे से कर पाएंगे।
- भगवान ने हर इंसान को सोचने की शक्ति दी है, हम जो कुछ सोच सकते हैं वो सब कुछ जीवन में हासिल भी कर सकते हैं।
- जब तक हम अपनी कमजोर मानसिकता वाली धारणा को नहीं बदलते उस समय तक हमें हर कार्य नामुमकिन ही दिखाई देगा।
- जो लोग खुद को सोच के बंधनों से मुक्त कर लेते हैं वो दुनिया में अपनी अलग पहचान बना कर मिसाल कायम कर लेते हैं।
- सदा के लिए नाम और शोहरत कमाने के लिए कुछ नामुमकिन करके दिखाना पड़ता है, यह चीज़ें आसानी से नहीं मिलती।
- कभी भी अपनी सोच के दायरे को बहुत छोटा नहीं रखो, इसका नुकसान यह होता है कि हम उससे आगे कभी नहीं बढ़ पाते।
- आज तक जन्म से कोई भी महान पैदा नहीं हुआ, हर किसी ने अपने गुणों, कौशल और मेहनत से ही मंजिले हासिल की हैं।
- कोई भी इंसान अंदर से कमजोर नहीं होता, जिनके अंदर योग्यता के साथ आत्मविश्वास होता है, वो दुनिया को हिला सकते हैं।
- लगातार संघर्ष और प्रयास करने वालों को सफलता के पीछे नहीं भागना पड़ता वो खुद ही खुशी-खुशी उनके पास चली आती है।
- हमारे अंदर बेशक कितनी भी प्रतिभा क्यों न हो लेकिन अगर हमारे अंदर आत्मविश्वास नहीं है तो कोई भी हम पर विश्वास नहीं करेगा।
- एक छोटी सी चींटी अगर अपने से अधिक वज़न उठा सकती है तो हम अपने आत्मविश्वास से अपने लक्ष्य को क्यों नहीं पा सकते।
- कामयाब लोग हर दिन अपना मूल्यांकन करते हैं जबकि मूर्ख लोग अपना सारा समय दूसरों का विश्लेषण करने में गुज़ार देते हैं।
- इस दुनिया में कोई भी काम आसान नहीं होता, लेकिन जिनके अंदर आत्मविश्वास होता है डर और मुश्किलें भी उनसे दूर भाग जाती हैं।

- जो लोग अपनी सारी शक्तियों को जगाने में कामयाब हो जाते हैं वो न सिर्फ हवा का रुख बदल देते हैं बल्कि पत्थरों को भी पिघला सकते हैं।
- दुनिया वालों की परवाह करनी छोड़ दो क्योंकि ये तुम्हारी हर कामयाबी पर शक करेंगे और हर असफलता पर तुरंत यकीन कर लेते हैं।
- यह सच है कि हर दिन अच्छा नहीं होता परंतु इस बात से भी इंकार नहीं किया जा सकता कि हर दिन में कुछ न कुछ जरूर अच्छा होता है।
- साधारण हालात में रह कर कोई भी इंसान एक्सपर्ट नहीं बन सकता, महान इंसान बनने के लिए हमें कठिन परिस्थितियों का सामना तो करना ही पड़ेगा।
- ज्ञान के साथ-साथ हमारा खान-पान भी हमारे जीवन को बहुत प्रभावित करते हैं। इसलिए बड़े लक्ष्यों को साधने वाले इन चीजों का भी खास ख्याल रखते हैं।
- जब अधिकतर लोग हमारे विचारों से सहमत न हों तो हमें समझना होगा कि या तो हम कोई बड़ी गलती कर रहे हैं या फिर इतिहास रचने जा रहे हैं।
- सफल होने के लिए बहुत धैर्य रखना पड़ता है, अगर एक पेड़ को सैकड़ों लीटर पानी एक दिन में डाल देंगे तो भी फल तो सही मौसम आने पर ही मिलेगा।
- इस संसार में बहुत सारे ऐसे कार्य होते हैं जिन्हें करने का कोई साहस नहीं करता, लेकिन इच्छाशक्ति के दम पर आप अगर चाहो तो मौत को भी आने से रोक सकते हो।
- जिदंगी में तपिश तो हमेशा रहती है लेकिन उससे निराश होने की जरूरत नहीं होती। क्योंकि धूप कितनी भी तेज क्यों न हो वो आज तक समुद्र को सुखा नहीं पाई।
- जो कुछ आजतक नहीं हुआ वो हमें नामुमकिन लगता है लेकिन जैसे ही कोई व्यक्ति किसी क्षेत्र में कुछ करिश्मे करता है तो फिर अनेक अन्य लोग उसका भी रिकॉर्ड तोड़ देते हैं।
- भगवान ने हमें सोचने की असीम शक्ति दी है लेकिन फिर भी हैरानगी

की बात यह है हमने अभी तक बहुत सारी ऐसी बातों के बारे में नहीं सोचा जिन्हें आसानी से सोच सकते हैं।

- पक्षियों का घौंसला बेशक कितनी बार गिर कर टूट जाए लेकिन वो हिम्मत और हौसले से उसे फिर बनाने लगते हैं। हम तो इंसान हैं हमें अपनी किसी भी असफलता पर शोक नहीं करना चाहिए।
- जीवन में आने वाली समस्याओं से दूर भागने से कभी कोई परेशानी खत्म नहीं होती, बल्कि वो और अधिक बड़ी होकर हमें ही खत्म कर देती है। इसलिए अगर सफल होना है, तो हर समस्या का डट कर मुकाबला करना चाहिए।

13.

नज़रिया बदलो भविष्य बदलेगा

विद्वान लोग समझाते हैं कि नज़र का इलाज तो डॉक्टर कर सकते हैं लेकिन नज़रिये का इलाज किसी के पास नहीं होता। नजरिया 'एटिटयूड' देखने में बहुत छोटा-सा एक अक्षर है लेकिन इसमें बहुत ताकत होती है। हम किसी भी कार्यक्षेत्र में काम कर रहे हों, हमारे जीवन का लक्ष्य कुछ भी हो। हमारी सफलता-असफलता सिर्फ हमारे नज़रिये के ऊपर ही निर्भर करती है। विचार करने वाली बात यह है, यह नजरिया बनता कैसे है? असल में जब हम छोटे होते हैं और हमारा दिमाग तेजी से विकसित हो रहा होता है तो उस समय हमारे अवचेतन मन में दो ही बातें डाली जाती हैं। पहला डर और दूसरा नकारात्मक भाव। इन दोनों ही चीजों का गहरा असर सारी उम्र हमारे दिमाग पर छाया रहता है। कुछ लोग जो थोड़े जागरूक होते हैं वो समय और हालात के अनुसार अपना नज़रिया बदल लेते हैं। हमारी सकारात्मक सोच हमारे अंदर आशावादी नज़रिये को जन्म देती है, जबकि नकारात्मक सोच हमें कमजोर और डरपोक बना देती है। नीचे दिये गये टिप्स के माध्यम से जानने की कोशिश करते हैं कि नजरिया बदलने के लिए हम क्या कुछ उपाय कर सकते हैं।

- हमारी हर कामयाबी हमारे अपने नज़रिये पर निर्भर करती है।
- उम्र और अनुभव के साथ हमेशा नजरिये को बदलते रहना चाहिए।
- हर इंसान इतना समझदार नहीं होता कि वो हर किसी को परख सके।
- खुद से खुद को जीतने के लिए सबसे पहले खुद से ही हारना पड़ता है।

- हमारी सोच की सीमा ही हमारी मंजिल तय करती है कि हम कहां तक जा सकते हैं।
- किताबों से दोस्ती रखना अच्छी बात है लेकिन कर्मों से इश्क करना भी जरूरी होता है।
- कुछ लोगों को हमारी शराफत पसंद नहीं आती, कुछ का हमें दोगलापन पसंद नहीं आता।
- हमारी योग्यता से अधिक हमारा दृष्टिकोण यह तय करता है कि हमारी मंजिल क्या होगी।
- हमारी तरक्की में सबसे महत्त्वपूर्ण होता है कि हम आज के दिन क्या कुछ अच्छा कर रहे हैं।
- अगर हमारा नज़रिया बिलकुल सही हो तो हम हर समस्या का हल आसानी से ढूंढ़ सकते हैं।
- इस दुनिया में सबसे बड़ा विकलांग वो व्यक्ति है जिसका नज़रिया सदैव नकारात्मक होता है।
- भीड़ में खड़े रहने से कुछ नहीं होता, कुछ ऐसे कारनामे करो कि आपके लिए भीड़ खड़ी हो।
- किनारे-किनारे चल कर कभी मंजिल नहीं मिलती, उसके लिए तो समुद्र से टकराना ही पड़ेगा।
- सकारात्मक सोच का नज़रिया रखने वाले हर समस्या को भुला कर सिर्फ जीत को ही देखते हैं।
- रात को सुकून की नींद सोने के लिए हर दिन कुछ न कुछ अनूठे एवं शानदार काम जरूर करो।
- हमारे सकारात्मक और रचनात्मक विचार ही तय करते हैं कि हम किस ऊंचाई तक पहुंच पाएंगे।
- हिम्मत कई बार जवाब दे जाती है परंतु हौसला कहता है बस थोड़ा और अब मंजिल करीब ही है।
- जो लोग मुश्किलों से डर कर उनका सामना नहीं कर पाते, जमाना उन्हें बहुत जल्दी भूल जाता है।

- जब तक हमारे अंदर एक भी कमी है तो हमें दूसरों की कमियां निकालने का कोई हक नहीं बनता।
- आमतौर पर वही लोग दूसरों पर उंगलियां उठाते हैं जो उनका सामने से मुकाबला नहीं कर पाते।
- जिस तरह की जिदंगी आप जी रहे हो, एक बार अपने दिल से जरूर पूछना कि क्या वो खुश हैं?
- किसी काम को सबसे आसान तरीके से करने के लिए सबसे आलसी दोस्त की मदद लेनी चाहिए।
- जब तक जिदंगी में हर दिन नया जोश न भरा जाए, जीवन नीरस और उबाऊ-सा होने लगता है।
- उन लोगों से सदा बच कर रहना चाहिए जो इस दुनिया में जीते हुए भी कुछ नहीं करने की सोचते हैं।
- सफल होने के लिए हमें सबसे पहले अपनी पसंद के काम को चुनना और उसे ढूंढना जरूरी होता है।
- दिमाग को जितना अधिक खुला रखा जाए कामयाबी की राह के सिग्नल उतने ही अच्छे मिलते रहते हैं।
- हमें उतना ही बोलना चाहिए जितना कि हम सुन सकें क्योंकि सामने वालों के मुंह में भी जुबान होती है।
- सबसे बड़ा अफसर तभी लगातार कामयाब हो पाता है जब वो सच्चाई के साथ सच्चाई के घर में रहता है।
- दुनिया वालों की पसंद तो अक्सर बदलती रहती है इसलिए सिर्फ अपने सिद्धांतों पर जीने की कोशिश करो।
- जो अपने दम पर जीने का हौसला रखते हैं वो सारी जिदंगी कभी किसी से खैरात में कभी कुछ नहीं लेते।
- हमारी जिदंगी में कई बार कुछ दिन खराब हो सकते हैं लेकिन सारी जिदंगी कभी किसी की बेकार नहीं होती।
- किसी भी खास क्षेत्र में सबसे बड़ी कामयाबी हासिल करने से ही हमें जिदंगी का आनंद और खुशी मिलती है।

- हमारा नज़रिया जन्म से हमारे साथ नहीं आता इसे हर दिन अपने अनुभव के साथ बनाना और संवारना पड़ता है।
- आजकल तो हालात इतने अजीब होते जा रहे हैं कि अपनों पर भी आंख मूंद कर विश्वास नहीं किया जा सकता।
- दोस्त तो हमेशा वही होते हैं, लेकिन जैसे-जैसे वो हमारे करीब आते हैं उनकी असलियत सामने आने लगती है।
- जिदंगी में जीने के तरीके तो कई बार बदलने पड़ते हैं लेकिन हिम्मत, जुनून और हौसले वाले तेवर कभी मत बदलो।
- जब एक बार अपना लक्ष्य तय कर लो तो उसके बाद सिर्फ एक ही बात बोलो कि "पल-पल दिल के पास तुम रहते हो।"
- उस इंसान की शक्ति का कोई मुकाबला नहीं कर सकता जिसके पास शक्ति के साथ इच्छाशक्ति और सहनशक्ति भी हो।
- जीवन के सबसे महत्त्वपूर्ण लक्ष्य को कभी खेल की तरह हल्के में नहीं लेना चाहिए वरना उसे पाना नामुमकिन हो जाएगा।
- हर किसी का नज़रिया अपना होता है किसी को चांद खूबसूरत दिखाई देता है और किसी को सिर्फ उसमें दाग नज़र आते हैं।
- हमें सिर्फ वही काम करना चाहिए जो हमें दिल से पसंद हो, अगर वो अभी तक नहीं मिला तो उसे खोजने का प्रयास जारी रखो।
- सफलता की राह में आने वाली रुकावटें कितनी भी बड़ी क्यों न हों लेकिन हमारी मंजिल तक पहुंचने के रास्तों को बंद नहीं कर सकती।
- जब तक हम अपने लक्ष्य तक नहीं पहुंचते हमें यह नहीं भूलना चाहिए कि हमने इस सफर की शुरुआत किस मकसद से की थी।
- सकारात्मक और नकारात्मक रवैये में थोड़ा-सा अतंर होता है लेकिन यह हमारी जिदंगी में बहुत बड़ा फर्क पैदा कर सकते हैं।
- देखने में तो नजरिया बहुत छोटा-सा अक्षर होता है लेकिन यह किसी की भी जिदंगी को फर्श से अर्श तक पहुंचा सकता है।
- बाकी दुनिया की तरह अगर आपको घिसी-पिटी जिदंगी जीना पसंद नहीं है तो उसके लिए आज से ही अपना नज़रिया बदल डालो।

- इतिहास के पन्नों में सिर्फ उन्हीं लोगों का नाम दर्ज होता है जो मुश्किलों को मुश्किलों में डाल कर खुद उनसे आगे निकल जाते हैं।
- जिदंगी में मुसीबतें आएं तो उनसे टकराना भी जरूरी है, अगर दुनिया में अपनी पहचान बनानी है तो कुछ करके दिखाना भी जरूरी है।
- आज भी अगर हम वही काम कर रहे हैं जो कल तक करते थे तो इसका सीधा-सा मतलब यही है हमें कुछ नया मिलने वाला नहीं।
- हर किसी का अलग नजरिया होता है, कोई खुद उड़ कर खुश हो जाते हैं तो कुछ लोग दूसरों को उड़ा कर जिदंगी का आनंद पाते हैं।
- एक बात सदा याद रखनी चाहिए कि जो कुछ हम किसी को देते हैं वही लौट कर हमारे पास आता है, फिर वो चाहे इज्जत हो या धोखा।
- जिदंगी की ठोकरें खाने से परेशानियां तो बहुत होती हैं, लेकिन हर तरह के हालात में संभलने का हुनर भी उन्हीं से ही सीखा जाता है।
- सपने और लक्ष्य में एक छोटा-सा अतंर होता है, सपने के लिए बिना मेहनत की नींद चाहिए और लक्ष्य को पाने के लिए बिना नींद की मेहनत।
- दोस्तों के साथ या उनसे दूर रहने में कोई खास फर्क नहीं पड़ता। फर्क सिर्फ हमारे नज़रिये का होता है कि हम हालात को कैसे महसूस करते हैं।
- हमें अपना व्यक्तित्व इतना दमदार बनाना चाहिए कि जो हमें पसंद करते हैं उनके दिल में और नापसंद करते हों उनके दिमाग में हमेशा रह सकें।
- हर दिन हमारे मन में सैकड़ों नये विचार जन्म लेते हैं, लेकिन अगर सफल होना है तो केवल एक विचार को छोड़ कर बाकी सभी एक तरफ हटा देने चाहिए।
- जब तक हम जिंदा हैं जीवन में परेशानियां तो आती ही रहेंगी, लेकिन अगर गौर से देखा जाए तो हर मुश्किल के साथ बहुत सारे सुअवसर भी साथ होते हैं।
- बीता हुआ कल कितना अच्छा या बुरा था उससे कोई फर्क नहीं पड़ता। हमें आज कुछ ऐसा करके दिखाना चाहिए जिससे आने वाला कल शानदार बन सके।

- जितना समय हम दूसरों की कमियां निकालने में लगाते हैं अगर उतना समय खुद को सुधारने में लगाना शुरू कर दें तो सबसे बड़े औहदे को आसानी से पा सकते हैं।
- किसी भी काम को शुरू करने से पहले सोच-विचार करना अच्छा होता है, लेकिन हमें सोचने में इतना समय भी नहीं लगाना चाहिए कि हम वो कार्य शुरू ही न कर पाएं।
- जो लोग अपने हर दु:ख-दर्द, गरीबी और निर्धनता का दोष अपनी किस्मत को देते हैं उन्हें एक बार अपने गिरेबान में झांक कर अपने कर्मों का विश्लेषण जरूर कर लेना चाहिए।
- जिस तरह किश्ती को समुद्र के बीच लहरों के सहारे छोड़ देने से वो कभी मंजिल तक नहीं पहुंचती, उसी तरह अपने सपनों को किस्मत के हवाले छोड़ने से हम सारी उम्र भटकते रहेंगे।

14.

खुद को मोटीवेट कैसे करें

आमतौर पर हम सभी के कोई न कोई रोल मॉडल जरूर होते हैं। कुछ खास लोग हमें दिल से बहुत अच्छे लगते हैं। किसी को कोई खिलाड़ी तो किसी को फिल्मी सुपर स्टार बहुत पसंद होते हैं। ऐसे लोगों की एक झलक पाने के लिए कई बार हम सारा दिन इंतजार करने को तैयार हो जाते हैं। अपने प्रिय खिलाड़ी का टी.वी. पर कोई मैच आ रहा हो तो हम घण्टों उसके सामने बैठ कर उनके लिए तालियां बजाते रहते हैं। ऐसा हम शायद इसलिए करते हैं कि हम भी उन जैसा बनना और दिखना चाहते हैं। इन लोगों को देख कर हमें प्रेरणा मिलती है। लेकिन कुछ समय बाद हम सब कुछ भूलने लगते हैं। ऐसे में हमें क्या करना चाहिए जिससे हम खुद को लगातार मोटीवेट कर सकें। अपने अंदर इतना विश्वास पैदा कर पाएं कि हम भी भीड़ से अलग हट कर अनोखे काम करने की हिम्मत रखते हैं। यहां हमें एक बात बहुत ही ध्यान से समझनी होगी कि यह काम कोई भी दूसरा व्यक्ति हमारे लिए नहीं कर सकता। हमें जब भी यह कार्य करना है खुद ही करना पड़ेगा। सीधी सरल भाषा में कहा जाए कि अगर हमें स्वर्ग का आनंद लेना है तो मरना भी हमें ही पड़ेगा। खुद को हर समय मोटीवेट रखने का एक आसान तरीका है कि सबसे पहले हम अपने लिए एक खास लक्ष्य तय करें। लक्ष्य तय करते समय इस बात का भी ध्यान रहे कि हम जो कुछ कर रहे हैं वो क्यों कर रहे हैं? इसके पीछे मकसद क्या है? यही मकसद हमारे अंदर मोटीवेशन की चिंगारी को सदा ही जलाए रखेगा।

- जिदंगी को संवारना है तो कभी भी हिम्मत मत हारना। जब तक हमारे प्रयास जारी हैं हम कभी फेल नहीं हो सकते।

- बिना धैर्य और संतोष के कभी भी भविष्य को नहीं संवारा जा सकता।
- दूसरों में जुनून पैदा करने के लिए हमें पहले खुद जुनूनी होना चाहिए।
- सुखों का आनंद लेना है तो अपने दुखों से थोड़ा ऊपर उठ कर जीना सीखो।
- सफलता की राह आगे बढ़ते हुए कभी भी बार-बार रास्ते नहीं बदलने चाहिए।
- हमारे दिल से निकले हुए शब्द ही सामने वाले के दिल में प्रवेश कर सकते हैं।
- अपने ज्ञान को बढ़ाने के लिए हमें अपनी कल्पनाशक्ति को बढ़ाते रहना चाहिए।
- समय की महिमा और मोल को समझने वाले आज तक कभी असफल नहीं हुए।
- खुद के बारे में जितना अधिक सोचेंगे उतना ही खुद को अच्छे से जान पाएंगे।
- हमारी कामयाबी में सबसे महत्त्वपूर्ण भूमिका हमारा अपना संकल्प ही निभाता है।
- जिदंगी के हर पहलू को अच्छे से समझने के लिए कुदरत को गहराई से समझो।
- जिस व्यक्ति को अच्छे-बुरे का फर्क नहीं मालूम होता उसे कभी गुस्सा नहीं आता।
- सबसे मुश्किल समय में सिर्फ हमारा ज्ञान और बुद्धि ही हमें रास्ता दिखा सकती है।
- अंहकार से सदा ही बचना चाहिए क्योंकि यही हमारा सबसे अधिक नुकसान करता है।
- हर दिन नये सपने देखो, हमारा हर सपना जिदंगी को पहले से बेहतर बना सकता है।
- हमें वैसा इंसान बनने के जरूर प्रयास करने चाहिए जैसा हम खुद के बारे में सोचते हैं।

- हमारी सफलता-असफलता का मुख्य कारण सिर्फ हमारी अपनी विचार धारा ही होती है।
- अगर किसी से बदला लेना हो बिना कुछ भी बोले उससे कोई बड़ा काम करके दिखाओ।
- हमेशा अपने सिद्धांत शेर की तरह रखो, वो भूखा मर जाता है पर कभी भी घास नहीं खाता।
- हमें हमेशा वैसा बनने की कोशिश करनी चाहिए जैसा हम दूसरों को अपने बारे में बताते हैं।
- असफलता के कपड़े पहन कर आज तक कोई भी इंसान सफलता की सीढ़ियां नहीं चढ़ पाया।
- जुनूनी लोगों को अपने लक्ष्य के सामने बड़ी से बड़ी कठिनाई भी बहुत छोटी दिखाई देती है।
- हमारी मंजिल बेशक कोई भी हो उसका रास्ता हमारे मन के पहले विचार से ही शुरू होता है।
- अगर हमारे दुश्मन के पास भी कोई खास गुण या कला है तो उसे भी जरूर अपनाना चाहिए।
- आंधी हो या तूफान, हर मौसम में लगातार चलने से ही कामयाब मुसाफिर बना जा सकता है।
- अपने विरोधियों को हराने का सबसे आसान तरीका एक ही है कि उन्हें अपना दोस्त बना लो।
- असफलता को गौर से देखना चाहिए क्योंकि वो हमें कामयाबी के अनेक रास्ते दिखा सकती है।
- हमारा शरीर अगर थोड़ा भी कमज़ोर हो तो छोटे से छोटा रोग भी बहुत नुकसान कर सकता है।
- मेहनतकश लोगों को कामयाबी के पीछे कभी नहीं भागना पड़ता वो तो खुद उन्हें ढूंढती रहती है।
- कठिनाइयों से डरो मत, उनके करीब जा कर देखो, बहुत सारे कमाल के मौके उनमें छिपे होते हैं।

- इस दुनिया में हीरे की तरह चमकने के लिए कोयले की खानों में बरसों आग में जलना पड़ता है।
- कभी किसी की नकल बनने की कोशिश मत करना क्योंकि आप उनसे भी बेहतर बनने की क्षमता रखते हो। गुस्सा सिर्फ उन्हीं लोगों को आता है जो अपने साथ सारे समाज़ को बदलने के नेक विचार मन में रखते हैं।
- वो लोग अक्सर असफल होते हैं जो यह सोचते हैं कि एक हार या जीत से कुछ खास फर्क नहीं पड़ता।
- कामयाबी के शिखर पर टिके रहने के लिए हर दिन कुछ नया विकास करने के बारे में सोचते रहना चाहिए।
- अच्छे से विचार-विमर्श और सही निर्णय लेने के बाद ही हमें अपने कामयाबी के सफर को शुरू करना चाहिए।
- नकारात्मक सोच वाले कभी भी नुकसान पहुंचा सकते हैं इसलिए उन पर कभी भी विश्वास नहीं करना चाहिए।
- हमारी असफलता उस खाद की तरह होती है जो आगे आने वाली फसलों को तेजी से बढ़ने में मदद करती है।
- सबसे स्मार्ट आदमी की एक ही निशानी होती है कि वो हर तरह की समस्या के साथ समझौता करना जानता है।
- दुखों के सौ दिन से बचने का सबसे आसान उपाय यही है कि कुछ देर अपने गुस्से पर काबू रखना सीख लो।
- हम बहुत सारे लोगों को जानते हैं लेकिन देखने वाली बात यह है कि हम कितने लोगों को ठीक से समझ पाते हैं।
- सकारात्मक सोच के साथ हम वो सभी काम कर सकते हैं जो हमारी नकारात्मक सोच हमें करने से रोकती है।
- कोई देखे या न देखे पक्षी अपना हर काम चुपचाप करते रहते हैं, हमें भी अपना स्वभाव वैसा ही बनाना चाहिए।
- अपने मन की बात को किसी के डर से दिल में मत रखो, दूसरों की तरह हमें भी बोलने की पूरी आज़ादी है।
- जो काम हमें दिल से पसंद नहीं होता, उसे चाहे हम कितनी भी मेहनत से कर लें उसमें कभी सफल नहीं हो सकते।

- हर जगह शोर मचाने से कुछ नहीं होता क्योंकि जिन लोगों के पास खास हुनर होते हैं वो अक्सर खामोश रहते हैं।
- जिदंगी की सबसे बड़ी खुशी का आनंद पाने के लिए खुद को उस काम में लगा दो जिसे सच्चे दिल से प्यार करते हो।
- हम अपने असली विचारों का केवल उस समय विश्लेषण कर सकते हैं जब हम बिलकुल अकेले शांत मन से बैठे होते हैं।
- खुद को मोटीवेट करने के लिए हमें अपनी हर कमी और गलती को समझ कर उसे दूर करने की कोशिश करनी होगी।
- गुस्सा तो हर इंसान को आता है, आना भी चाहिए। लेकिन बुद्धिमान लोग गुस्सा अपने मन में ही रखते हैं दूसरों को दिखाते नहीं।
- कुछ लोग यह मानते हैं चमत्कार नहीं होते, लेकिन असलियत यह है कि आप अगर चाहो तो हर दिन चमत्कार कर सकते हो।
- आस और उम्मीद का दामन कभी मत छोड़ना क्योंकि इनका साथ छूटते ही असफलता हमें अपने आगोश में जकड़ लेती है।
- हमारे जीवन की सबसे बड़ी सफलता उस काम को करने में होती है जिसके बारे में हम सोचते थे कि इसे हम कभी नहीं कर पाएंगे।
- सफलता की बुलदियों पर टिके रहने के लिए हमें अपने शरीर के साथ दिल और दिमाग को भी मजबूत और साफ रखना पड़ता है।
- दूसरों के विचार तो हमें कुछ देर के लिए प्रभावित करते हैं असल जिदंगी में तो हम वही होते हैं जैसे हमारे अपने मौलिक विचार होते हैं।
- सच्चे कर्मयोगी सोचते समय सिर्फ सोचते हैं, सुनते समय सिर्फ सुनते और देखते समय सिर्फ देखते हैं। कर्म करते समय सिर्फ कर्म करते हैं।
- सफल लोगों के पास सबसे बड़ा टैलेंट यही होता है कि उन्हें अपने हर सवाल का जवाब चाहिए। वो हर समय कुछ नया सीखने की चाह रखते हैं।
- "हीरा" भी साधारण कोयले की तरह ही होता है बस वो कुछ बरसों तक दूसरों से अधिक आग की तपिश और दबाव झेलने की क्षमता रखता है।

- स्कूल-कॉलेज में कभी फेल हुए थे तो क्या हुआ, जब जुनून जाग जाए तो देश के सबसे बड़े पद की परीक्षा भी एक ही बार में पास हो जाती है।
- जिदंगी में बहुत सारे लोग आते और जाते हैं, मगर जिन लोगों के साथ सही ढंग से तालमेल बन जाता है वो हमेशा के लिए दिल में जगह बना लेते हैं।
- जिस तरह आए दिन वर्कशाप में जाने से कोई अच्छा मैकेनिक नहीं बन जाता ठीक उसी तरह हर दिन लाइब्रेरी में बैठे रहने से बुद्धिमान नहीं बन पाता।
- प्रतिभावान व्यक्ति उन सभी चीज़ों को भी देखता है जिन्हें आम लोग नहीं देख पाते। इसलिए हर हुनरमंद इंसान अपने लक्ष्य को सबसे पहले पा लेता है।

15.

कैसे बनें कुशल वक्ता

हम सभी सारा दिन कुछ न कुछ बोलते रहते हैं। हम अकेले ही क्या हर वो इंसान जो जिंदा है वो कभी भी चुप नहीं बैठ सकता। हम अपने घर, ऑफिस में बहुत अच्छे से बातचीत कर लेते हैं, लेकिन कभी-कभार जब 50-100 लोगों के सामने कुछ बोलना पड़ जाए तो हमारी सिट्टी-पिट्टी गुम होने लगती है। कई बार तो सर्दियों में भी हमारे पसीने छूटने लगते हैं। वहीं हमसे कम काबिलियत वाले कुछ लोग बिना किसी डर के स्टेज पर बोल कर खूब वाह-वाही लूट लेते हैं। इस छोटी-सी बात का विश्लेषण किया जाए तो यही समझ आता है कि हमारे अंदर का डर हमें ऐसा करने से रोकता है। अब प्रश्न यह उठता है कि इस डर को खत्म कैसे किया जाए। हमारा यह स्टेज पर बोलने वाला डर एक दिन में तो खत्म नहीं हो सकता, क्योंकि इसकी जड़ें हमारे अवचेतन मन में बरसों से जमी हुई हैं। बचपन से ही हमें सिखाया जाता है कि ऐसे नहीं बोलना, वैसे नहीं बोलना। घर में मम्मी-पापा और स्कूल में टीचर हर बात पर हमें रोकते और टोकते थे। मज़े की बात तो यह है कि हमारे अंदर यह डर वो लोग पैदा करते हैं जो खुद कभी अच्छे वक्ता नहीं बन पाए। यहां हमें यह याद रखना चाहिए जो खुद कुछ नहीं बन पाए उनकी बात कभी नहीं माननी चाहिए। बात चाहे स्टेज पर बोलने की हो या रेड़ियो, टी.वी. पर अच्छे वक्ता बनने की। एक दिन में कभी कोई करिश्मा नहीं होता। असल में हमें सबसे अधिक डर इसलिए लगता है कि हम जिस विषय पर बोलना चाहते हैं उसके बारे में हमारे पास ठीक से जानकारी नहीं होती। इसके लिए हमें लगातार अभ्यास करने और अच्छे से तैयारी करने की जरूरत होती है। इस अध्याय में हमने आपके लिए कुछ ऐसे ही टिप्स लिखे हैं जिन्हें अपना कर आप आसानी से

सफल वक्ता बन सकते हैं।

- हमारा एक अच्छा भाषण हमें हीरो बना सकता है।
- कड़वी सच्चाई बोलने वाले स्टेज पर अधिक समय तक नहीं बैठ पाते।
- छोटे भाषण के लिए आज तक कभी किसी ने कोई शिकायत नहीं की।
- ज्ञानी लोग सबसे अच्छा बोलते हैं बुद्धिमान लोग उसे अच्छे से सुनते हैं।
- कुछ भी बोलना और अच्छे ढंग से बोलना दो अलग-अलग बातें होती हैं।
- दुनिया वाले आज भी अच्छे स्पीकर को सुनने के लिए घण्टों इंतजार करते हैं।
- अपनी बात दूसरों को समझाने से पहले हमें खुद काफी कुछ समझना चाहिए।
- स्टेज पर जाते हुए और बोलते समय कभी भी अपने विश्वास में कमी न आने दें।
- कुछ लोगों को मौत से इतना डर नहीं लगता जितना स्टेज़ पर बोलने से लगता है।
- बोलना तो हर कोई जानता है, लेकिन बुद्धिमत्ता से कुछ खास लोग ही बोल पाते हैं।
- पब्लिक स्पीकिंग में हमारी जुबान के साथ आवाज की बहुत महत्त्वपूर्ण भूमिका होती है।
- अपने मन की बात कहते समय अपनी भावनाओं पर काबू रखना बहुत जरूरी होता है।
- हमें अपने व्याख्यान में बहुत ही सरलता, नम्रता और उत्साहपूर्ण बातें ही कहनी चाहिए।
- बुद्धिमान लोगों की हर बोली हुई एक-एक बात समाज में जागरूकता पैदा कर सकती है।
- स्टेज पर एक-एक मिनट बोलने के लिए हमें कम से कम एक घंटा तैयारी करनी चाहिए।
- अच्छे स्पीकर स्टेज पर अपना मुंह खोलने से पहले अपनी आखें और कान खुले रखते हैं।
- आदमी छोटा हो या बड़ा, कुछ बड़ा कर दिखाने के लिए सिर्फ हमारी सोच बड़ी होनी चाहिए।
- हास्य का तड़का लगा कर हम अपने दिल की हर बात आसानी से

लोगों तक पहुंचा सकते हैं।

- हमारे अंदर वो सारी शक्तियां मौजूद हैं जिससे हम दुनिया का मुकाबला आसानी से कर सकते हैं।
- स्टेज पर बोलते समय हमें दुनिया का सबसे पुराना रोग परेशान करता है कि "क्या कहेंगे लोग"।
- एक कुशल वक्ता अपने एक ही भाषण से लाखों लोगों के दिल में आसानी से जगह बना सकता है।
- जब तक हम श्रोताओं की भावनाओं का ख्याल नहीं रखेंगे वो हमारी किसी बात पर गौर नहीं करेंगे।
- कभी भी मूर्ख लोगों की भीड़ का हिस्सा मत बनो बल्कि मूर्ख लोगों की मूर्खता का लाभ उठाना सीखो।
- अपने विचारों को प्रभावशाली ढंग से पेश करने के लिए हमें बिलकुल साधारण तरीके से उन्हें बोलना चाहिए।
- जब तक हमें अपने विषय की पूरी जानकारी नहीं होती हम सुनने वालों के दिलों को नहीं जीत सकते।
- किसी भी मौके पर हमें अपनी बात वहीं से शुरू करनी चाहिए, जो श्रोताओं के दिल के बहुत करीब हो।
- हमारा भाषण चाहे हमारे दफतर में हो या जनता के बीच उसकी अच्छे तैयारी करना बहुत जरूरी होता है।
- हमारी जुबान तलवार से भी तेज़ धार रखती है, यह बिना खून निकाले ही खून-खराबा करवा सकती है।
- हमें अपनी हर बात इस ढंग से कहनी चाहिए कि सुनने वाले का मन उसे अपनी खुराक के रूप में अपना ले।
- स्टेज पर बोलते समय हमारा जो नज़रिया सुनने वालों के प्रति होता है उसी से उनका नज़रिया हमारे लिए बनता है।
- अपनी बात बोलते समय सरल भाषा के साथ चेहरे के हाव-भाव, खड़े होने के स्टाईल पर भी ध्यान देना जरूरी होता है।
- यदि हम खुद को "डर" से थोड़ा अधिक मजबूत बना लें हम कहीं भी, किसी भी विषय पर खुल कर बोल सकते हैं।
- अगर हम चाहते हैं कि लोग हमारी बातों को सुन कर खुश हों तो हमें

अपनी हर बात खुशी-खुशी ही कहनी चाहिए।

- रोशनी की स्पीड आवाज़ से बहुत तेज होती है, इसलिए कुछ लोग स्टेज पर बोलने से पहले ही हमें अच्छे दिखाई देते हैं।
- हम में अधिकतर लोग यह नहीं जानते कि हम क्या कुछ कर सकते हैं। स्टेज पर बोलना भी उन्हीं में से एक खास कला है।
- हमारा दिमाग हमारे जन्म से लेकर मृत्यु तक अच्छे से काम करता है बस स्टेज पर जाते ही कुछ देर के लिए शांत हो जाता है।
- स्टेज़ पर बोलने के लिए बहुत हिम्मत की जरूरत होती है परंतु उसको सुनने के लिए बड़ा हौसला और धैर्य चाहिए होता है।
- अपने भाषण में सदैव ऐसे अक्षरों का इस्तेमाल करना चाहिए ताकि अगर उन्हें कभी वापिस लेना पड़े तो हमें कोई तकलीफ न हो।
- यदि हमारे दिल, दिमाग और जुबान का तालमेल ठीक से बैठ जाए तो हम अपनी हर बात खुल कर दूसरों के सामने रख सकते हैं।
- आज तक दो ही किस्म के वक्ता हुए हैं, पहले जो स्टेज पर जाते समय डरते और घबराते हैं, दूसरे जो इस बात के लिए झूठ बोलते हैं।
- हमारी स्पीच का महत्त्व हमारी बातों से अधिक इस बात पर निर्भर करता है कि श्रोतागण उसे कितना दिल से स्वीकार कर रहे हैं।
- हर अक्षर को बहुत ध्यान से बोलना चाहिए, क्योंकि सबसे छोटे अक्षर “हां और ना'' भी हमारी जिदंगी को एक पल में बदल सकते हैं।
- हम क्या बोले थे, इस बात को अधिकतर लोग जल्दी ही भूल जाते हैं, लेकिन हम कैसे बोले थे इस बात को वो हमेशा याद रखते हैं।
- अगर हम आज तक स्टेज पर नहीं बोले तो उससे कोई फर्क नहीं पड़ता, हम उम्र के किसी भी पड़ाव में इसकी शुरुआत कर सकते हैं।
- हमारा भाषण कितना भी प्रभावशाली हो लेकिन उससे अधिक यह महत्त्वपूर्ण होता है कि हमने कौन-सी बात किस समय पर बोली थी।
- यदि हम किसी खास मौके पर अपनी बात दूसरों को ठीक से न समझा पा रहे हों तो हमें उन्हें उलझाने की कोशिश नहीं करनी चाहिए।
- काम तो बहुत सारे लोग करते हैं, लेकिन उन्हें दूसरों के सामने किस तरह से पेश करते हैं, जमाने वाले सिर्फ उन्हीं बातों को याद रखते हैं।
- जब भी कुछ बोलना हो तो एक बात का अवश्य ध्यान रखें कि हमारा

मकसद तो पूरा हो परंतु हमारी बात से कभी किसी का दिल न दुखे।

- लोगों के बीच बोलना कोई कठिन काम नहीं होता, शुरू में कुछ साल दिक्कत होती है, उसके बाद शादी की तरह सब कुछ ठीक-ठाक हो जाता है।
- हम इस दुनिया में सिर्फ अपना जीवन जीने के लिए नहीं आए, हमें कुछ ऐसे महान कार्य करने होंगे जिससे आने वाली पीढ़ियों का मार्गदर्शन हो सके।
- हमारे अंदर विचारों का एक समुद्र है, एक बार अपने मन के सकारात्मक विचार दुनिया के सामने सही ढंग से रख दें तो जमाने को बदला जा सकता है।
- अगर आपको लोगों के बीच बोलने से डर लगता है तो आप पेड़ों के सामने खड़े हो कर बोलो, वो आपको कुछ नहीं कहेंगे क्योंकि उनके पास जुबान नहीं होती।
- अपने भाषण में कभी भी गैरजरूरी बातों को नहीं बोलना चाहिए, इससे एक बड़ा फायदा यह होता है लोगों को हमारी सभी जरूरी बातें जल्दी से समझ आ जाती हैं।
- हम अपने कार्य में कितने भी निपुण क्यों न हों लेकिन जब तक अपनी बात दूसरों के सामने प्रभावी ढंग से नहीं रख पाते उस समय तक सफल होना कठिन हो जाता है।
- स्टेज पर बोलने वालों को सबसे अधिक डर इस बात का सताता है कि लोग उनके विषय के बारे में क्या सोचेंगे। हमें अपनी छवि को भूल कर सिर्फ अपने विषय पर ध्यान रखना चाहिए।
- आज के समय भाषण की तैयारी का सबसे अच्छा तरीका यही है कि आप अपने भाषण को अपने मोबाइल फोन में रिकार्ड करके सुनिए। इससे जो भी कमियां होंगी वो तुरंत सामने आ जाएंगी।

16.

जीवन में सफल कैसे बनें

इस दुनिया में हजारों लाखों लोग प्रतिदिन जन्म लेते हैं और बहुत सारे लोग दुनिया को अलविदा कह जाते हैं। लेकिन इतनी बड़ी संख्या में से चंद ही ऐसी हस्तियां होती हैं जिन्हें जमाना सदियों तक याद रखता है। ऐसे लोगों में क्या खासियत होती है। क्या यह लोग बहुत अमीर होते हैं, क्या इन्होंने बहुत अधिक पढ़ाई की होती है। ऐसा बिलकुल भी नहीं होता। दुनिया की अनेक महान हस्तियों ने तो स्कूल-कॉलेज की पढ़ाई भी ठीक से पूरी नहीं की थी। फिर ऐसे कौन से गुण होते हैं जो उन्हें दूसरे सभी लोगों से समाज में अलग ही रुतबा दिला देते हैं। इसमें से कुछ वैज्ञानिक, कुछ नेता, अभिनेता, मूर्तिकार और कुछ कलाकार थे। देश और दुनिया के महान लोगों के जीवन को गहराई से देखा जाए तो इन सभी में एक बात सामान्य होती है। वो यह है कि यह जिस भी कार्य क्षेत्र से जुड़े होते हैं, उसमें इन्होंने ऐसे कारनामे किए जिसके बारे में पहले कभी किसी ने सोचा भी नहीं था। कुछ ऐसे कीर्तिमान स्थापित कर देते हैं जहां आज तक दूसरे लोग आसानी से नहीं पहुंच पाते। हम में से भी बहुत सारे लोग सेलीब्रीटीज बनना चाहते हैं जिन्हें सारी दुनिया मान-सम्मान दे। जहां खड़े हो वहां अलग पहचान हो। हमारे सभी कार्यों की भरपूर प्रंशसा हो। आइए नीचे दिये गये कुछ खास टिप्स के माध्यम से यह जानने की कोशिश करते हैं कि जीवन में सबसे सफल कैसे बनें।

- सफल लोग अपने करीबियों के साथ अपने विरोधियों पर भी विश्वास करते हैं।

- कामयाब और बेहतर इंसान बनने वालों को कभी भी जल्दबाजी नहीं करनी चाहिए।
- महान इंसान बनने के लिए सबसे पहले अपने अंदर के गुलाम को मारना पड़ता है।
- इस दुनिया की सबसे बड़ी अच्छाई है, "ज्ञान" और सबसे बड़ी बुराई हैं "अज्ञानता।"
- नम्रता और सादगी दो ऐसे गुण हैं जो साधारण इंसान को भी सफल बना सकते हैं।
- दूसरों को कुछ भी सिखाने से अच्छा है कि सिर्फ उनकी सोच को सकारात्मक बना दो।
- नेक लोग हमेशा ऐसे कार्य करते हैं जो उनके खुद से अधिक समाज के हित में होते हैं।
- सबसे बेहतर इंसान वही होता है, जिसे दुनिया वाले उसकी पीठ के पीछे बेहतर कहते हैं।
- सबसे बड़ा काम करने का सबसे अच्छा मौका आज से 10 साल पहले था दूसरा आज है।
- महान व्यक्ति जो बदलाव दुनिया में देखना चाहते हैं उसकी शुरुआत वो खुद से करते हैं।
- दुनिया के सबसे बड़े विद्वान इस बात को अच्छे से जानते हैं कि वो अभी कुछ नहीं जानते।
- बेहतर इंसान बनने के लिए हमें वैसा ही बनना चाहिए जैसा हम खुद को जमाने में दिखाते हैं।
- आप जैसे ही अच्छे कार्य करते जाएंगे लोग उतनी ही तेजी से आपके अंदर कमियां निकालते रहेंगे।
- खाने-पीने के लिए तो दुनिया के आम लोग जीते हैं, महान इंसान सिर्फ जीने के लिए खाते-पीते हैं।
- सबसे सफल लोग अपनी खुशियों का ख्याल रखने से पहले दूसरों को खुश रखने की कोशिश करते हैं।

- सफल लोग बेशक अपने जीवन में कितना ही बड़ा रुतबा क्यों न पा लें, लेकिन वो कभी भी रुकते नहीं।
- बहुत सारे लोगों में बेहतर इंसान बनने के अनेक गुण होते हैं लेकिन वो खुद ही उन्हें पहचान नहीं पाते हैं।
- जल्दबाजी, शॉर्टकट या गलत तरीके से कितने भी प्रयास कर लो परंतु तरक्की कभी नहीं मिल सकती।
- मुफ्त में तो मिट्टी भी नहीं मिलती नाम और शोहरत कमाने के लिए तो बहुत बड़ी कीमत चुकानी पड़ती है।
- विजयी लोग अपने जीवन काल में सबसे पहले कठिन कार्यों को बिलकुल सरल ढंग से करके दिखाते हैं।
- जिन लोगों को लगता है कि वो जीवन में कुछ खास नहीं कर सकते, एक दिन वो भी करिश्मे कर जाते हैं।
- संघर्ष की राह पर दूसरों को चलना सिखाने से पहले हमें खुद उस राह पर चलने की कोशिश करनी चाहिए।
- इस दुनिया में कोई भी काम असंभव नहीं होता क्योंकि कोई भी कार्य खुद को असंभव बना ही नहीं सकता।
- जीवन में कोई बड़ा पद पाना हो या महान इंसान बनना हो, सबसे पहले अच्छा इंसान तो बनना ही पड़ेगा।
- हम जो भी काम करें उसमें कुछ न कुछ ऐसा खास होना चाहिए जिससे आने वाली पीढ़ियों को प्रेरणा मिल सके।
- जमाने में अगर हमें अपनी अलग पहचान बनानी है तो सबसे पहले हमें अपने मन को अपना गुलाम बनाना होगा।
- यह जरूरी नहीं कि जो सही है वो महान भी हो क्योंकि बहुत सारे ऐसे महान लोग भी हुए हैं जो सही नहीं थे।
- हर इंसान सफल हो सकता है क्योंकि ठोकरें कोई जहर की तरह नहीं होती जो उन्हें खाकर मर जाएंगे।
- हमें दूसरों में कमियां सिर्फ इसलिए दिखाई देती हैं क्योंकि हम अपने अंदर कभी झांकने की कोशिश नहीं करते।
- हर महीने अगर अपने अंदर से एक कमी को मिटा दिया जाए तो कोई

भी इंसान सबसे बेहतर बन सकता है।

- महान लोग अपने लक्ष्य तक पहुंचने के लिए तरीके तो कई बार बदलते हैं परंतु कभी इरादे नहीं बदलते।
- जिदंगी में जो कुछ भी करो, जैसे भी निर्णय लो, वो ऐसे होने चाहिए कि सदियों तक ज़माना आपको याद रख सके।
- महान लोग गुज़रे हुए जमाने की बातों को भुला कर अपना सारा ध्यान सिर्फ वर्तमान के रचनात्मक कार्यों में ही लगाते हैं।
- हर किसी के जीवन में बहुत सारे दुःख और तकलीफें होती हैं लेकिन वो फिर भी बहुत कुछ समाज के लिए कर सकते हैं।
- सबसे समझदार और ताकतवर इंसान वही होता है जो अपने दिल, दिमाग और विचारों पर पूर्ण नियंत्रण रखना सीख लेता है।
- धर्म, ध्यान, पूजा अर्चना करना अच्छी बात है, परंतु उससे पहले अपने मन में विश्वास पैदा करना अधिक महत्त्वपूर्ण होता है।
- हम जैसे भी हैं, जिस प्रकार के भी हालात में हैं हमें खुद को प्यार से स्वीकार करते हुए अपने अंदर विश्वास जगाना चाहिए।
- जो लोग अपने ज्ञान और बुद्धि को लगातार विकसित करते रहते हैं उन्हें किसी तरह का बदलाव परेशान नहीं कर पाता।
- हम जिस दुनिया में रह रहे हैं उसे हमने खुद ही बनाया है अगर इसे बदलना है तो उससे पहले हमें अपनी सोच बदलनी होगी।
- जितना हम खुद को बाहर से खूबसूरत बनाने की कोशिश करते हैं उससे अधिक हमें अंदर से सुदंर बनने का प्रयास करना चाहिए।
- महान लोगों के गुणों से सीख लेने का सबसे सरल तरीका है उनकी जीवनियां-ऑटोबायोग्राफी को पढ़ कर जीवन में अपनाया जाए।
- कोई भी इंसान एक दिन में महान नहीं बन सकता, लेकिन अगर दिल में चाह हो तो एक दिन वो महान जरूर बन कर दिखा देते हैं।
- बुद्धिमान लोग किसी भी चीज़ को सबसे पहले अपने दिमाग से, फिर आखों से और उसके बाद शारीरिक रूप से महसूस करते हैं।
- आमतौर पर हम अपने से अधिक ध्यान दूसरों की और ही लगाते रहते हैं, इससे हम अपनी योग्यता को पूर्ण रूप से विकसित नहीं कर पाते।

- जब भी जिदंगी में तूफान आए उसे रोकने की कोशिश मत करो, उस समय खुद को सुंतलित रखो, तूफान थोड़ी देर में खुद ही गुज़र जाएगा।
- हम जितना कुछ बोलते हैं अगर उतना ही गौर से सुनने और उसे अपनाने का स्वभाव बना लें तो सफल इंसान बनना कोई मुश्किल काम नहीं है।
- अपने जीवन से हर प्रकार की नादानी और मूर्खता जल्द से जल्द खत्म कर देनी चाहिए क्योंकि यह खरपतवार की तरह बहुत तेजी से बढ़ती है।
- हम जितना कुछ बोलते हैं अगर उतना ही गौर से सुनने और उसे अपनाने का स्वभाव बना लें तो महान इंसान बनना कोई मुश्किल काम नहीं है।
- जो लोग खुद पर नियंत्रण रखना सीख लेते हैं वो अपने अंदर ऐसी क्षमता पैदा कर लेते हैं जिसकी बदौलत कुछ भी हासिल किया जा सकता है।
- हमारी जिदंगी में दो दिन ऐसे होते हैं जब हम चाह कर भी कुछ नहीं कर पाते, एक जो कल गुज़र चुका है और दूसरा जो कल आने वाला है।
- हर इंसान की जिदंगी का कोई खास मकसद होता है, हमारी सफलता इस बात पर निर्भर करती है कि हमने अपने जीवन का क्या लक्ष्य तय किया है।
- अगर हम कुछ दिन तक लगातार खुद का विश्लेषण करें तो कोई न कोई ऐसी खूबी जरूर मिल जाएगी जिसमें हम दूसरों से बहुत अच्छा कर सकते हैं।
- किसी भी व्यक्ति को जमाने वाले उसकी शक्ल से नहीं बल्कि सिर्फ कर्मों के कारण याद रखते हैं। महान काम करने वालों का नाम ही सदा जिंदा रहता है।
- आपके अंदर भी कुछ ऐसे खास गुण छिपे हुए हैं कि एक बार उन्हें जानने के बाद आपके जो भी रोल मॉडल हैं, आप भी उनकी तरह बेहतर काम कर सकते हो।
- सफल लोगों की सोच भी अजीब होती है, जो कुछ खाली होता है वो उसे भरते रहते हैं और जो कुछ भरा हुआ है उसे खाली करने के बारे में सोचते रहते हैं।
- हम चाहें नौकरी करें या बिजनेस हमें सदैव कुछ ऐसा करते रहना चाहिए जिससे कि हम सामने वाले व्यक्ति की जिदंगी में कुछ सकारात्मक

बदलाव ला सकें।

- हर काम को इस नजरिये से देखो कि यह तो बहुत आसान है और मैं इसे कर सकता हूं, इतना सोचने से ही आपको महान बनने से कोई नहीं रोक सकता।
- विचारक लोगों की खास बात यह होती है वो शारीरिक रूप से बेशक बहुत तगड़े न हों लेकिन उनकी अंदरूनी शख्सियत-व्यक्तित्व बहुत मजबूत होता है।
- सफल लीडर सबसे पहले ईमानदारी को अपने सर्वश्रेष्ठ गुणों में शामिल करते हैं, क्योंकि इस एक गुण के साथ ढ़ेरों अनेक गुण अपने आप आपके व्यक्तित्व में शामिल हो जाते हैं।
- शख्स तो बहुत हैं इस दुनिया में, हमें अपनी शख्सियत पर ध्यान देने की जरूरत होती है, क्योंकि शख्स तो आते-जाते रहते हैं लेकिन शख्सियत हमेशा जिंदा रहती है।
- बड़े लोगों को देख कर कभी भी मन छोटा मत करो कि आप वैसे नहीं बन सकते। आपकी किस्मत भी वैसी ही है, सिर्फ उसमें थोड़ा संघर्ष और प्रयास का तड़का लगा दो।
- महान लोगों के बारे जितना अधिक पढ़ सकें उतना ही अच्छा होता है, क्योंकि हम वो सब कुछ आसानी से समझ सकते हैं जो उन्होंने बहुत मुश्किलें झेल कर सीखा था।
- सर्वश्रेष्ठ लोगों की एक खास बात यह होती है वो जिस भी कार्य को शुरू करते हैं उसे लगातार उस समय तक करते रहते हैं जब तक वो दूसरों के लिए एक मिसाल न बन जाएं।
- कोई भी इंसान जन्म से महान नहीं होता, न ही किसी को महान बनाया जा सकता है। महान बनने के लिए हमें खुद ही धैर्य रखते हुए हर दिन नेक कर्मों के साथ आगे बढ़ना पड़ता है।
- आज का दौर सोशल मीडिया का है, आप जो कुछ भी खास किस्म का काम कर सकते हैं उसे अधिक से अधिक लोगों तक पहुंचाने की कोशिश करें। इसी से आप सफलतापूर्वक अपनी अलग पहचान बना सकते हैं।

17.

अमीर बनने के टिप्स

यह बात बिलकुल सच है दुनिया के हर इंसान का सपना अमीर बन कर रईसों जैसा जीवन गुजारने का होता है लेकिन दिन-रात मेहनत करने के बावजूद भी अधिकांश लोग अपनी सारी जिदंगी सिर्फ परिवार की जरूरतें पूरी करने में ही गुज़ार देते हैं। आंकड़े बताते हैं सारी दुनिया की दौलत का अधिकतम भाग एक प्रतिशत लोगों के पास है। आखिर ऐसे लोगों के पास कौन-सी जादू की छड़ी होती है जो यह इतनी दौलत कमाने में कामयाब हो पाते हैं। इस दुनिया के सबसे अमीर इंसान बिल गेट्स की बात की जाए तो उनके पास अंदाजा पांच लाख अस्सी हजार करोड़ रुपये से भी अधिक है। इसके अलावा उनकी एक मिनट की कमाई तकरीबन 15 लाख रुपये है। क्या आपको भी ऐसा महसूस होता है कि आपके दोस्त, रिश्तेदार आपसे बहुत आगे निकल गये हैं और आप कुछ नहीं कर पा रहे हैं। आज तक आप जो कुछ थे उसे भूल कर अपनी सोच को बदलने की तैयारी करो। एक बात सदा याद रखो कि कुदरत ने हम सभी को एक जैसा बनाया है, वो हम सभी को एक जैसे मौके देती है। अब यह हम पर निर्भर करता है हम उनका कितना लाभ उठा पाते हैं। अमीर बनने के टिप्स को विस्तार से जानने से पहले एक बात को ध्यान में रखना जरूरी है कि अमीर होना और अमीरी का दिखावा करना दो अलग किस्म की बातें हैं। हमें अंदर से अमीर होना है, दूसरों के सामने दिखावा नहीं करना। इस पुस्तक के हर विचार को पढ़ने के बाद आपका भी जीवन बदल सकता है। हम उम्मीद करते हैं कि आप जो कुछ आज तक नहीं कर पाए, अब आप आने वाले समय में

आसानी से कर पाएंगे।

- जितना अधिक अमीर बनना चाहते हो, उतना ही अधिक सीखना होगा।
- बुद्धिमान लोग पैसे से पहले कामयाबी और काबिलियत के बारे में सोचते हैं।
- दोस्त हमेशा वही रखो जिनकी संगत से जीवन में कुछ अनूठी रंगत आ जाए।
- अपनी कमाई और बचत के बारे में सारी जानकारी कभी किसी के साथ शेयर मत करें।
- सिर्फ किसी बड़ी कम्पनी का ब्रान्ड देख कर मंहगी चीजें खरीदने से सदैव बचना चाहिए।
- पैसा हमारे जीवन को आसान तो बना सकता है लेकिन हमें सफलता नहीं दिला सकता।
- सबसे बड़ी कामयाबी का मज़ा तब आता है जब हम सिर्फ उसे पैसे कमाने के लिए नहीं करते।
- एक-एक पैसा कमाने में बहुत पसीना बहाना पड़ता है इसलिए कभी भी बेकार में पैसे मत उड़ाइये।
- खुशी का आनंद पाने के लिए हमें सबसे पहले उन चीजों की कद्र करनी चाहिए जो हमारे पास हैं।
- उन लोगों से सदा बच के रहना चाहिए जो रिश्तों और दोस्तों को कपड़ों की तरह बदलते रहते हैं।
- छोटे लोग और छोटे नोट ही मुसीबत के समय काम आते हैं, इसलिए इनसे भी दोस्ती जरूरी होती है।
- अज्ञानी लोगों के साथ सबसे बड़ी समस्या यही होती है कि उन्हें मालूम ही नहीं होता कि वो अज्ञानी हैं।
- आज सबसे शक्तिशाली बनना इसलिए जरूरी है ताकि कोई दूसरा व्यक्ति हमें आसानी से दबा न सके।
- जितना अधिक पैसा कमाना चाहते हो अपने जीवन की सोच और लक्ष्य भी उतने ही बड़े बनाने शुरू करो।
- इस दुनिया में पैसे की कोई कमी नहीं है, आपके अंदर हिम्मत होनी

चाहिए कि आप कितना कमा सकते हैं।

- अमीर बनना अच्छी बात है लेकिन एक बात का सदैव ध्यान रहे कि अमीर बनने के बाद भी ज़मीर जिंदा रहे।
- जिदंगी कई बार रंग बदल कर बैरंग हो जाती है लेकिन मेहनत करते रहो क्योंकि मेहनत जरूर रंग लाती है।
- किस्मत के मूड को भांपते हुए अपने रास्ते बदलते रहो कामयाबी तो खुद झक मार कर आपके पास आएगी।
- यदि आप लाखों रुपये कमाना चाहते हो तो उसके लिए कुछ हज़ारों रुपये खर्च करने से नहीं डरना चाहिए।
- हम जितने अधिक नेक लोगों के साथ दोस्ती और प्यार का व्यवहार रखेंगे उतनी ही बड़ी कामयाबी पा सकते हैं।
- जो काम हम थोड़े पैसे देकर दूसरों से करवा सकते हैं उसमें हमें अपना समय और ऊर्जा नहीं बेकार करनी चाहिए।
- अमीर बनने के लिए नसीब को जगाना पड़ता है नसीब को जगाने के लिए पहले खुद रातों को जागना पड़ता है।
- ज्ञानी लोगों का मानना है कि कोई हमें समझे या न समझे, हमें सदैव दूसरों को समझने का प्रयास करते रहना चाहिए।
- हालात चाहे कैसे भी हों अगर उनका भी डट कर मुकाबला किया जाए तो वो भी घुटने टेकने को मजबूर हो जाते हैं।
- पैसा कमाने के लिए पैसे के साथ-साथ समय को भी प्यार करना सीखो, क्योंकि समय पैसे से अधिक अनमोल होता है।
- जिदंगी जीने के तरीके तो बहुत लोग बताते हैं लेकिन अपने लक्ष्य को पाने की कला सिर्फ हमारे अंदर से निकलती है।
- जब तक आप अपना व्यापार अच्छे से नहीं चला लेते उस समय तक उससे जुड़ी कोई भी जानकारी किसी को न बताएं।
- जिदंगी में कामयाबी की सीढ़ियां लगातार चढ़ने के लिए रोजमर्रा के जीवन में सकारात्मक बदलाव बहुत जरूरी होते हैं।
- जिन लोगों का अपना सारा ध्यान लक्ष्य की और होता है वो कभी भी

किसी किस्म की शिकायत या आलोचना नहीं करते।

- पीठ पीछे बात करने वालों की कभी परवाह नहीं करनी चाहिए क्योंकि वो सारी उम्र हमारे सामने आकर नहीं बोल सकते।
- अमीर बनने के लिए सिर्फ सोचने से कुछ नहीं होता, उसके लिए मन में प्रबल इच्छाशक्ति का होना भी बहुत जरूरी होता है।
- अपनी हैसियत जितनी बड़ी बना सकते हो बनाओ क्योंकि दुनिया वाले हैसियत के मुताबिक ही हर किसी को इज्जत देते हैं।
- पैसा उधार देने से सदा ही बचना चाहिए क्योंकि आज के समय में पैसा वापिस मांगते समय अक्सर लड़ाई-झगड़े हो जाते हैं।
- हर एक पैसे को बहुत सोच-समझ कर खर्च करना चाहिए। जब तक कोई चीज़ बहुत जरूरी न हो उसे खरीदने से बचना चाहिए।
- अमीर लोग अपना 70-80 प्रतिशत काम दूसरों से करवाते हैं ताकि वो अपने समय का और अधिक बेहतर उपयोग कर सकें।
- इस संसार में ठोकर लगने से हर चीज़ टूट जाती है, सफलता ही एक मात्र ऐसी चीज़ है जो सिर्फ ठोकरें खाने से ही मिलती है।
- हमें अपने दिमाग में सिर्फ चंद सकारात्मक विचार रखने की जरूरत होती है, बाकी तो वो बहुत जल्द कई गुणा अधिक बढ़ने लगते हैं।
- जिस चीज़ की हम इच्छा रखते हैं वो मिले या न मिले लेकिन वो सब कुछ मिल सकता है जिसके लिए हम दिल से प्रयास करते हैं।
- इस दुनिया में सबसे अधिक खुशी वही इंसान महसूस कर पाता है जो बहुत थोड़ी चीजों के साथ भी खुश रहने का स्वभाव रखता है।
- भविष्य में हम जिस चीज़ से बड़ी खुशी पाना चाहते हैं उसके लिए वर्तमान में कष्ट और त्याग के रूप में उसकी कीमत चुकानी पड़ती है।
- आज का दौर भी कितना अज़ीब है, गिर जाओ तो कोई उठाने नहीं आता, थोड़ा उड़ने की कोशिश करो तो हर कोई गिराने आ जाता है।
- खुद पर विश्वास रखने वाले जानते हैं कि मिट्टी को भी सही ढंग से इस्तेमाल करने का हुनर रखने वाले उसमें से भी सोना पैदा कर सकते हैं।
- जो भगवान भरोसे बैठ कर करिश्मों की उम्मीद करते हैं तो उन्हें यह याद

रखना चाहिए कि बिना कुछ कर्म किए सिर्फ हमारी उम्र ही बढ़ती है।

- हमारी कमाई कम हो या ज्यादा उसमें से कुछ पैसा किसी न किसी ऐसी जगह निवेश करते रहना चाहिए जहां से कुछ अतिरिक्त कमाई हो सके।
- आग में तपे बिना तो सूरज भी नहीं चमक पाता, हम तो फिर छोटे से इंसान हैं। अपने अंदर चमक पैदा करने के लिए कुछ तो कष्ट सहने ही पड़ेंगे।
- अधिक धन कमाने की लालसा में कभी भी अपने स्वास्थ्य को अनदेखा नहीं करना चाहिए वरना आखिर में न हमारे पास पैसा बचेगा और न ही अच्छी सेहत।
- अगर कोई इंसान यह सोचता है कि उसके पिता या खानदान करोड़पति हैं और वो भी हमेशा करोड़पति ही रहेगा तो यह उसकी सबसे बड़ी भूल है।
- पैसा कमाने की चाह रखने वाले हर समय अपना ध्यान ऐसे अवसरों पर केद्रिंत रखते हैं जहां कुछ पैसा निवेश करके अतिरिक्त कमाई हो सकती है।
- धनवान बनने के लिए या तो हमारे पास खानदानी व्यापार हो या कोई ऐसा हुनर पैदा करो, जिसके बारे में दूसरे लोग आपका मुकाबला आसानी से न कर सकें।
- कुछ नजदीकी अमीर लोगों के रहन-सहन और व्यवहार को करीबी से समझने की कोशिश करो। जैसी उनकी सोच होती है वैसे ही विचार अपने अंदर उत्पन्न करो।
- नौकरी करके आज तक कोई भी अमीर नहीं बन सका। इसलिए यदि आप भी अमीर बनना चाहते हैं और आज तक नौकरी कर रहे हैं तो आपको इसे छोड़ना होगा।
- जितना अधिक हम किसी चीज़ पर ध्यान लगाते हैं उतना ही हमें ज्ञान मिलता है, लेकिन ज्ञान मिलने के बाद उसका ध्यान न रखा जाए तो वो भी बेकार हो जाता है।
- आज के अधिकतर युवा अधिक पैसा और शोहरत पाना चाहते हैं।

लेकिन अनेक शोधों के मुताबिक वो लोग अधिक सफल हैं जिनके करीबी रिश्तेदारों और दोस्तों से अच्छे संबंध हैं।

- धनवान बनने के लिए अपने करियर की शुरुआत बहुत सोच-समझ कर करनी चाहिए। क्योंकि अगर एक बार आगाज़ गलत हो गया तो उसे ठीक करने में बरसों लग जाते हैं।
- अपने आपको कभी भी दूसरों के मुकाबले में कम मत आंकों, अगर दूसरे लोग पैसा कमा सकते हैं तो आप भी अपनी सोच को बड़ा करके अपने सपनों को हकीकत में बदल सकते हो।
- सबसे ज्यादा पैसा कमाने के लिए सबसे पहले हमें खुद को दूसरों से बेहतर बनाने की जरूरत होती है। जैसे ही हम दूसरों से कुछ अच्छा करते हैं समाज में हमारी वैल्यू बढ़ने लगती है।
- हमारा जन्म अगर गरीब परिवार में हुआ है तो उसमें हम कुछ नहीं कर सकते। परंतु बाकी का सारा जीवन भी अगर हम गरीबी में गुजारते हैं वो सिर्फ हमारे अपने कर्मों की कमी के कारण ही होता है।
- आज भी अगर दुनिया के सबसे अमीर लोगों की जीवनियों को पढ़ा जाए तो एक बात सभी में सामान्य तौर से देखने में मिलती है कि शुरू में वो सब भी गरीबी के साये में ही जीते थे।
- हर व्यक्ति धनवान तो बनना चाहता है लेकिन कई बार उसे बरसों तक समझ ही नहीं आता कि पैसा कमाया कैसे जाता है। अधिक पैसा कमाने के लिए हमें दुनिया के सबसे अमीर लोगों से जुड़ी पुस्तकें लगातार पढ़नी होंगी।
- इस दुनिया में सबसे अमीर इंसान वही है जो अपने जीवन से संतुष्ट है। एक बच्चा हवाई जहाज को देख कर खुश होता है, जबकि हवाई जहाज का पायलट उस बच्चे की तरह हरे-भरे मैदान में बैठ कर खुशी का आनंद लेने के बारे में सोचता है।

18.

अंधविश्वास का पर्दाफाश

अंधविश्वास के चलते हम में से अधिकतर लोग जल्द कामयाब होने और असफलताओं से बचने के लिए पाखंडी बाबाओं के चगुंल में फंस जाते हैं। सोचने वाली बात यह है कि अगर इन लोगों के पास इतनी शक्तियां होतीं तो वो आज तक खुद कामयाब क्यों नहीं हो पाए। इसी के साथ एक कड़वी सच्चाई यह है कि हम लाखों-करोड़ों रुपये का घर बना कर या नई गाड़ी खरीद कर उसके आगे पुराने जूते या चप्पल लटका देते हैं। क्या आज तक किसी ने यह जानने की कोशिश की है कि उस टूटी चप्पल में कौन सी शक्ति है जो हमें बुरी नज़र से बचाएगी। इसी तरह अगर हम मिट्टी का बिलकुल असली जैसा दिखने वाला चूहा या कोई अन्य जानवर बना कर कहीं रख देते हैं। दूसरा कोई भी जानवर उसकी तरफ आंख उठा कर भी नहीं देखता, क्योंकि वो जानता है कि यह नकली है। लेकिन हम पत्थर से अलग-अलग भगवानों की मूर्तियां बना कर अपनी मनोकामनाएं पूरी करवाने के चक्कर में उनके ऊपर लाखों करोड़ों रुपये का दान चढ़ा देते हैं। इस तरह के सैकड़ों उदाहरण आपको अपने आस-पास देखने को मिल जाएंगे। इतनी छोटी-सी बात से एक साधारण इंसान भी समझ सकता है कि हम इंसान होते हुए भी जानवरों से छोटी सोच रखते हैं। इसलिए जिदंगी में अगर सफल होना है तो धर्म और ध्यान के चगुंल से निकल कर “कर्म और ज्ञान” को अपनाना शुरू करना होगा।

- किसी भी विकासशील देश के लोग अंधविश्वास को बिलकुल नहीं मानते।

- सच्चाई को जाने बिना उस पर विश्वास करना सबसे बड़ी मूर्खता होती है।
- अंधविश्वास पर आखें बंद करके विश्वास करना किसी पाप से कम नहीं होता।
- अंधविश्वास को अगर ठीक से समझा जाए तो यह सिर्फ अंधा विश्वास ही होता है।
- नेगेटिव विचारों से सदा बचना चाहिए क्योंकि यह एक बोझ से बढ़ कर कुछ नहीं होते।
- अपने मन से बुरे विचारों को मिटाने के लिए सदैव सकारात्मक विचारों को ही अपनाएं।
- ज्योतिषी कुछ भी कहते रहें लेकिन अगर हम चाहें तो हर दिन को खूबसूरत बना सकते हैं।
- हमारे देश में जो कुछ नहीं बन पाता वो "बाबा" बन कर दूसरों को बेवकूफ बनाने लगता है।
- धर्म के आधे-अधूरे ज्ञान से अज्ञानी लोग ही अंधविश्वास के जाल में सबसे अधिक उलझते हैं।
- अपनी रचनात्मक सोच से न सिर्फ हम अपनी जिदंगी को बल्कि सारे समाज़ को बदल सकते हैं।
- जब तक हमारे देश से अंधविश्वास जड़ से खत्म नहीं होता उस समय तक इसे बदलना नामुमकिन है।
- समाज में फैले हुए सभी तरह के अंधविश्वास सिर्फ वैज्ञानिक तौर-तरीकों से ही दूर किए जा सकते हैं।
- हमारा स्वभाव, हमारा व्यवहार हमारी सफलता और असफलता के लिए बहुत हद तक जिम्मेदार होते हैं।
- शक की आदत से सदा ही बचना चाहिए क्योंकि यह बेवजह बहुत सारे रिश्तों को ही तोड़ देता है।
- धर्म और ईश्वर में विश्वास रखने से हमारे अंदर शक्ति भी बढ़ती है और कामयाबी भी आसानी से मिलती है।

- जिस इंसान को अपने ज्ञान और काबिलियत पर पूरा भरोसा होता है, उसे किसी चीज से डर नहीं लगता।
- अगर हमारे चारों तरफ अंधेरा हो तो हमें अंधविश्वास में डूबने की बजाए रोशनी की तलाश शुरू करनी चाहिए।
- धर्म की असलियत को समझे बिना उसकी राह पर चलने से हम बेवजह सबसे बड़ी परेशानी में फंस जाते हैं।
- कोई भी धर्म, कानून जो एक इंसान को दूसरे इंसान से छोटा मानता है उसे तुरंत खत्म कर देना चाहिए।
- धर्म में आस्था रखना अच्छी बात है लेकिन धर्म के नाम पर अंधविश्वास को अपनाना सबसे बड़ी बेवकूफी होती है।
- अंधविश्वास से बचने के लिए शारीरिक रूप से तन्दुरुस्त होने के साथ अंदर से भी मजबूत होना जरूरी होता है।
- अंधविश्वास के चलते दूसरे लोगों से अधिक हमारे अपने नकारात्मक विचार हमारा ज्यादा नुकसान कर सकते हैं।
- अगर हम ज्ञानी होकर भी अंधविश्वास में विश्वास रखते हैं तो हमारी सोच एक जानवर से बड़ी नहीं हो सकती।
- अपना और अपने समाज का विकास करने के लिए सबसे पहले अंधविश्वास को खत्म करने का प्रयास करना होगा।
- वो लोग अंधविश्वास के सबसे अधिक शिकार होते हैं जो अपनी सफलता के लिए "शॉर्ट-कट" का रास्ता ढूंढते हैं।
- कुछ लोग सारी उम्र धार्मिक ग्रंथों को रटते रहते हैं लेकिन जीवन की असली परीक्षा में फिर भी फेल हो जाते हैं।
- अंधविश्वास को खत्म करने के लिए सबसे पहले अपने मन से डर और नेगेटिव सोच को मिटाने की जरूरत होती है।
- विकसित देशों के मुकाबले में अगर हम आज भी पिछड़े हुए हैं तो उसका मुख्य कारण हमारा अंधविश्वास ही है।
- यदि हम अपनी आंखें, कान पूरी तरह से खुले रखते हैं तो बहुत हद तक अंधविश्वास की खाई में गिरने से बच सकते हैं।

- जब तक हमारा दिल और दिमाग मिल कर हमें सहयोग नहीं करते हम अपने जीवन में महत्त्वपूर्ण निर्णय नहीं ले पाते।
- हम इस बात की फिक्र तो करते हैं कि लोग क्या कहेंगे, लेकिन इस बारे में कभी कुछ नहीं सोचते कि भगवान क्या कहेंगे।
- विज्ञान के इस युग में भी बहुत सारे लोग केवल अंधविश्वास के चक्करों में पड़ कर अपने भविष्य को बर्बाद कर लेते हैं।
- कोई भी देवी-देवता किसी प्रकार के ढोंग, बलि आदि से खुश नहीं होते, वो तो सिर्फ नेक कार्यों को देख कर ही प्रसन्न होते हैं।
- सफल लोगों के साथ रहने से हमारा दिमाग हर समय सिर्फ कामयाबी के सपनों को पूरा करने की कोशिश करता रहता है।
- कामयाबी की राह पर 99 सही कदम चलने के बाद यदि आखिरी एक कदम भी गलत पड़ जाए तो भी हम असफल हो जाते हैं।
- बीते हुए समय की नकारात्मक घटनाओं को बार-बार याद करके हम अपने वर्तमान और भविष्य दोनों को ही खराब करने लगते हैं।
- हर धर्म के ग्रंथ हमें ज्ञान की राह दिखाते हैं परंतु धर्म को चलाने वाले हमें धर्म के नाम पर भटका कर अंधविश्वास में धकेल देते हैं।
- धर्म की सच्चाई को जानना हो तो सिर्फ धर्म ग्रंथों को पढ़ो, पाखंड़ी पीर, फकीर और बाबा सिर्फ हमें बेवकूफ बनाने का काम करते हैं।
- जिदंगी में कोई भी बड़ा बदलाव एक दिन में नहीं आता। इसलिए हर चीज को बदलने की शुरुआत छोटे-छोटे बदलाव से करनी चाहिए।
- ढोंगी बाबा और पुजारियों लोगों के पास आम लोगों को डराने और धमकाने के लिए दो ही हथियार होते हैं, पहला वरदान और दूसरा श्राप।
- हम कोई भी बड़ी जिम्मेदारी तभी निभा सकते हैं जब हमारे मन में किसी प्रकार की कोई बाधा, ईर्ष्या या दुश्मनी या बदले की भावना न हो।
- इस दुनिया में आजतक कभी किसी ने भगवान को नहीं देखा लेकिन हर व्यक्ति अपनी पसंद की मूर्ति बना कर उसे भगवान मानने लगता है।
- आज के दौर में धर्म को चलाने वाले हमारे समाज को सबसे अधिक दूषित कर रहे हैं। वो लोग धर्म को एक व्यापार की तरह ही चलाते हैं।

- जो लोग ग्रहों का डर दिखा कर यह कहते हैं कि अभी हमें अच्छे समय का इंतजार करना चाहिए असल में वो हमें अंधकार की तरफ धकेलते हैं।
- जीवन में शांति के साथ तरक्की तभी मुमकिन हो पाती है जब हम हर किस्म के नकारात्मक विचारों को अपने दिमाग से निकाल कर फेंक देते हैं।
- अधिकतर बाबा अपने हाथ की सफाई या छोटे-मोटे चमत्कार दिखा कर पढ़े-लिखे लोगों को आसानी से मूर्ख बनाने और ठगने में कामयाब हो जाते हैं।
- जो व्यक्ति पूर्ण विश्वास के साथ लक्ष्य पाने के लिए चल पड़ते हैं उनको समय जरूर लग सकता है, लेकिन उनका विश्वास उन्हें मंजिल दिला ही देता है।
- बड़ी कामयाबी पानी हो या अधिक पैसा कमाना हो, सबसे पहले हमें खुद से यह वादा करना होगा कि हम किसी किस्म के अंधविश्वास पर विश्वास नहीं करेंगे।
- गुजरे हुए वक्त की यादें हमें भविष्य के लिए कुछ नहीं कर सकती, इसलिए जहां तक मुमकिन हो उन्हें अपने दिमाग से तुरंत हटा देना ही ठीक रहता है।
- अंधविश्वास से जितना दूर रहा जाए उतना ही हम सभी के लिए अच्छा हैं क्योंकि हमें यह मालूम ही नहीं पड़ता कि कब यह मानसिक रोग के रूप में बदल जाता है।
- अगर अंधविश्वास एक धंधा नहीं तो फिर इसे बढ़ावा देने के लिए पाखंडी बाबा हर महीने लाखों रुपये के विज्ञापन रेडियो, टी.वी. और समाचार पत्रों में क्यों देते हैं।
- विज्ञान हमें सिखाता है कि बार-बार परीक्षण करने से ही हमें सफलता मिलती है। इसलिए जिदंगी के हर क्षेत्र में आगे बढ़ने के लिए लगातार प्रयोग करते रहना चाहिए।
- हमारे आसपास का माहौल और हमारे करीबी लोगों का हमारे दिमाग पर बहुत गहरा प्रभाव पड़ता है, इसलिए सदैव नकारात्मक सोच वालों से दूरी बना कर रखनी चाहिए।
- दुनिया के लोग आम आदमी के विकास और कल्याण के लिए नये-नये

आविष्कार करते हैं, हम आज भी देवी-देवताओं को खुश करने में अपना कीमती समय बेकार कर रहे हैं।

- किसी भी देवता के नाम पर जीव हत्या करने से आज तक किसी को कोई पुण्य नहीं मिल सका। धर्म के नाम पर किसी की जान कुर्बान करना सबसे बड़ा पाप माना जाता है।
- धर्म का दूसरा नाम सिर्फ ज्ञान है। हम लोगों ने धर्म के नाम पर बहुत सारे काल्पनिक देवी-देवता बना रखे हैं और काल्पनिक चीजें कभी किसी का जीवन नहीं संवार सकतीं।
- दिमाग के बोझ को खत्म करने के लिए हर गलती के लिए या तो माफी मांग लो या दूसरों को माफ कर दो। कहते हैं कि माफी मांगने वाले छोटे नहीं महान इंसान होते हैं।
- एक दुखी इंसान हमारे करीब कष्ट में बैठा हो तो हम उसकी तरफ देखना भी नहीं चाहते। जबकि भगवान के नाम पर हम एक पल में सब कुछ दान देने को तैयार हो जाते हैं।
- जिस प्रकार उबड़-खाबड़ रास्तों पर चल कर मंजिल तक नहीं पहुंचा जा सकता उसी तरह जब तक हमारे मन में धर्म-जाति को लेकर कोई भी भेदभाव होगा, हम सफल नहीं हो सकते।
- अंधविश्वास किसी बाहरी दुनिया से नहीं आता यह सिर्फ हमारी अपनी कमजोरियों की बदौलत ही पैदा होता है। इसी अंधविश्वास को आगे बढ़ाने के लिए पाखंड का सहारा लिया जाता है।
- धर्म और अंधविश्वास के नाम पर किए जाने वाले आडंम्बर और पाखंड पर हम जितना पैसा और समय बर्बाद करते हैं अगर उसे रचनात्मक कार्यों में लगाना शुरू कर दें तो आने वाली पीढ़ियों का भविष्य संवर जाएगा।
- हम चाहें या न चाहें हर दिन के साथ हमारी इच्छाएं और सपने बड़े होते रहते हैं। अब अगर इन सपनों को पूरा करना है तो उसके लिए हमें अंधविश्वास के जाल में फंसने की बजाए हर दिन अपने प्रयास भी बढ़ाने होंगे।

19.

हिम्मत न हार

दुनिया की सबसे बड़ी सच्चाई को देखा जाए तो वो यही है कि हर इंसान इस संसार में अकेला ही आता है और अकेले ही वापिस जाना होता है इसके बावजूद जब कभी अकेले जीने की बात आती है तो हमें डर लगने लगता है। हमसे अधिकतर लोग अकेले रहने से घबराते हैं। हम हर समय किसी न किसी के साथ को तलाशते रहते हैं। सुबह पार्क में सैर करने जाना हो या कोई बड़ा काम करना हो। हम हमेशा यह उम्मीद करते हैं कि कोई तो हमारे साथ जरूर होना चाहिए। मैं अकेले कुछ नहीं कर पाऊंगा। हमें ख़ुद पर विश्वास ही नहीं होता कि हम अकेले भी कुछ कारनामे कर सकते हैं। कुछ लोग एकांत को अकेलेपन से जोड़ कर देखते हैं। कहने सुनने में यह दोनों अक्षर एक जैसे ही लगते हैं लेकिन इन दोनों में बहुत बड़ा अतंर है। एक और एकांत जहां हमारे जीवन में वरदान की तरह होता है, वहीं अकेलापन किसी सज़ा से कम नहीं होता। अकेलापन जहां हमारे लिए बेचैनी पैदा करता है, वहीं एकांत में गुजारा हुआ हर पल शांति और सुकून देता है। जब तक हम बाहर की दुनिया को देखते हैं हमें किसी न किसी सहारे की जरूरत महसूस होती रहती है। परंतु जब एक बार खुद से प्यार हो जाता है, जब हम खुद को समझने लगते हैं, उसके बाद का जिदंगी का सफ़र बहुत हसीन हो जाता है। मैं अपने अनुभव के आधार पर कह सकता हूँ कि अभी तक मैंने 35 पुस्तकें और 1000 से अधिक जो लेख लिखे हैं वो तकरीबन सभी एकांत में बैठ कर ही लिख पाया हूं। आज भी जो यह पुस्तक आपके लिए लिख रहा हूं, इस समय भी मैं बिलकुल अकेले एकांत में बैठा हुआ हूं। एकांत में रहने वाले बताते हैं कि उस समय एक अलग ही किस्म की

सोच एवं ऊर्जा का संचार हमारे अंदर होने लगता है। आप भी अगर कुछ अनूठे करिश्मे के सिकंदर बनने की इच्छा रखते हो तो आज से अकेले चलने का स्वभाव विकसित करना होगा।

- ऊंची उड़ान का हौसला रखने वाले आसमान का कद नहीं देखते।
- दूसरों से आगे निकलना है तो आज से अकेले चलना शुरू कर दो।
- जो लोग दूसरों से अपेक्षा नहीं रखते वो जिदंगी में जल्दी सफल हो पाते हैं।
- कुछ लोगों को यह गलतफहमी होती है कि अकेले कभी खुश नहीं रह सकते।
- सफलता पाने के लिए चिंता करने की बजाए सफल होने का स्वभाव बना लो।
- शांति के साथ जीवन जीने के लिए झूठी लोकप्रियता से सदा ही बचना चाहिए।
- खुद से जुड़ने के लिए सबसे पहले हमें बाहरी दुनिया से लगाव कम करना होगा।
- ज्ञान और कर्म को समझने वाला इंसान अकेले रह कर सबसे ज्यादा खुश रहता है।
- जो भी संसाधन हमारे पास हैं उसी से हम कामयाबी का सफर शुरू कर सकते हैं।
- अपने मन को अपना मार्गदर्शक बनाने वाले बिना किसी सहारे के सफल हो जाते हैं।
- हमें कभी-कभी बारिश में भी घूमना चाहिए ताकि कोई भी हमें रोता हुआ न देख सके।
- भीड़ का हिस्सा बनने से कहीं अच्छा है कि अकेले रह कर अपनी पहचान बनाई जाए।
- जो लोग खुद से सच्चा प्यार करते हैं वो कभी किसी दूसरे व्यक्ति का बुरा नहीं सोचते।

- कभी भी दूसरों पर निर्भर मत रहो कि वो आपको आकर सफलता दिलाने में मदद करेंगे।
- जो इंसान खुद थोड़ी देर भी अकेले नहीं गुजार सकता वो किसी दूसरे को क्या खुशी देगा।
- बुद्धिमान व्यक्ति दूसरों को ठीक करने से पहले खुद को सही राह पर लाने का प्रयास करते हैं।
- अकेलेपन के डर से हम कई बार छोटी सी परेशानी को भी पहाड़ जैसा बना कर देखने लगते हैं।
- जब तक हम खुद न चाहें कोई भी दूसरा व्यक्ति हमें न तो खुश और न ही दुखी कर सकता है।
- जब तक हमारे सपने और कर्म एक साथ नहीं मिलते तब तक सफलता हमसे दूर ही रहती है।
- कोई व्यक्ति जब तक कामयाब नहीं हो जाता आम लोग उसके साथ खड़े होने से भी कतराते हैं।
- जब तक मन में संतोष न हो हम चैन से अकेले एक पल के लिए भी कुछ नया नहीं सोच सकते।
- तरक्की के बारे में सोचते ही सबसे पहले अज्ञानता को दूर करने का प्रयास शुरू कर देना चाहिए।
- महान ज्ञानी लोग सदैव जिंदा रहते हैं जबकि अज्ञानी लोग जीते जी ही मरे हुए लोगों जैसे होते हैं।
- एक बार जो मन में अच्छे से ठान लेते हैं वो एक न एक दिन अपनी अलग पहचान बना ही लेते हैं।
- कामयाबी के सारे गुण हमारे अंदर से आते हैं, इसलिए सफलता के लिए बाहर भागना बेकार होता है।
- किसी काम को गलत ढंग से करने की सफाई देने से काफी कम समय में हम बेहतर काम कर सकते हैं।
- सैकड़ों शब्द बोलने से अच्छा है एक ऐसा शब्द बोला जाए जिससे सामने वाले के चेहरे पर खुशी आ जाए।

- सफलता की राह पर चलते समय बेशक कितनी भी गलतियां हो जाएं, लेकिन कभी भी रुकना नहीं चाहिए।
- कामयाबी का सबसे बड़ा महल बनाना चाहते हो तो उससे पहले कर्मों की नींव को मजबूत बनाना सीखो।
- एक बार यदि हमारा अकेले रहने का स्वभाव बन जाए तो हम अपने बारे में बहुत कुछ नया जान पाएंगे।
- सफलता की मंजिल को पाने के लिए यदि कोई भरोसेमंद साथी नहीं मिलता तो अकेले ही चल देना चाहिए।
- कामयाबी के शिखर तक पहुंचने के लिए अक्सर रास्ते आसानी से नहीं मिलते, हमें खुद उन्हें बनाना पड़ता है।
- सफलता मिलने में कई बार समय लग सकता है इसलिए कभी भी अपने विश्वास को समय के दायरे में मत बांधो।
- जरूरत से अधिक किसी भी विषय पर सोचने से, समस्याओं का हल ढूंढने की बजाए उन्हें और अधिक उलझा देते हैं।
- कामयाबी पर सभी का एक जैसा हक है, इसलिए छोटे-बड़े, अमीर-गरीब का फर्क अपने मन से निकाल फेंकों।
- अपने मन में सफलता की चिंगारी को सदा जलाए रखना क्योंकि वही गुब्बारा ऊपर उठता है जिसमें गर्म हवा भरी होती है।
- दूसरों पर भरोसा करने से कोई फायदा नहीं होता क्योंकि आखिर में हमें अपनी मंजिल तक अपने ही पैरों से चल कर जाना है।
- जो लोग हमारी कामयाबी की राह में बाधा पैदा करते हो उनके साथ रहने की बजाए अकेले रहना कहीं अधिक बेहतर होता है।
- जब तक हम सफल होने के लिए दूसरों की मदद का इंतजार करते रहेंगे उस समय तक कभी कामयाब नहीं हो पाएंगे।
- अकेले रहने से हमें सिर्फ उस समय डर लगता है जब हमारे विचार हमें गुजरे हुए समय की चिंता में डूबोने लगते हैं।
- नकारात्मक सोच वालों से सदा बच कर रहना चाहिए क्योंकि वो हमें एक जानवर से भी अधिक नुकसान पहुंचा सकता है।

- हमारे अधिकतर रिश्ते केवल इस कारण से टूट जाते हैं कि हम उन लोगों से जरूरत से अधिक उम्मीदें रखने लगते हैं।
- यदि हम चाहते हैं कि दूसरे लोग हमारी बात ध्यान से सुनें तो उससे पहले हमें उनकी बात को शांत मन से सुनना चाहिए।
- अगर हमें आजादी अच्छी लगती है तो इसका यही मतलब होता है कि दूसरे लोग भी आज़ाद रहने में खुशी महसूस करते हैं।
- वो काम कभी पूरे नहीं होते जिनके बारे में हम यह सोचते हैं कि इनको करने के लिए तो अभी हमारे पास बहुत समय बाकी है।
- स्वभाव से हम सभी आजाद प्रवृति के इंसान हैं, इसलिए कोई आए या चला जाए उससे हमें बहुत अधिक परेशान नहीं होना चाहिए।
- हमें अकेले चलने का स्वभाव भी समझना चाहिए क्योंकि यह जरूरी नहीं होता जो आज हमारे साथ है वो हमेशा ही हमारा साथ निभा पाएंगे।
- यह झूठ है कि मर्द को दर्द नहीं होता, लेकिन जब कभी कोई दर्द परेशान करे तो अकेले में रो लेना परंतु कभी किसी के सामने मत रोना।
- हमारी कीमत हमारे सिवाए दूसरा और कोई नहीं लगा सकता। इसलिए सबसे पहले अपने मन में यह विश्वास पैदा करो कि आप अनमोल हो।
- अगर कोई हमारी आलोचना करता है तो उसे भी खुशी-खुशी स्वीकार करना चाहिए क्योंकि आने वाले समय में यह बहुत मददगार साबित होती है।
- दु:ख-परेशानियां तो सभी के जीवन में होती हैं फर्क सिर्फ इतना होता है कि कोई उसके लिए शोर मचाते हैं तो कोई मन में ही छिपा लेते हैं।
- यह सच है कि सोशल मीडिया पर हमारे सैकड़ों दोस्त होते हैं लेकिन कड़वी असलियत यह है कि मुसीबत पड़ने पर उनमें से एक भी दिखाई नहीं देता।
- दुनिया वाले हालात के मुताबिक कभी किसी की प्रशंसा और कभी किसी के दोष निकालते रहते हैं। सदियों से यह सब होता आ रहा है आगे भी ऐसा ही होता रहेगा।

- यह सच है कि अपनों को साथ लेकर चलने से सफलता की राह आसान हो जाती है, लेकिन अपनों के साथ आगे बढ़ने से पहले इतना जरूर जान लेना चाहिए कौन हमारा कितना अपना है।
- दुनिया वाले किसी की शक्ल को पसंद करें या न करें लेकिन हर किसी के काम को याद रखते हैं। इसलिए हमेशा कुछ ऐसे काम करो कि जमाना आपको सदियों तक याद रखे।
- अकेले रहते हुए महान लोगों के बारे जितना अधिक पढ़ सकें उतना ही अच्छा होता है, क्योंकि हम वो सब कुछ आसानी से समझ सकते हैं जो उन्होंने बहुत मुश्किलें झेल कर सीखा था।
- कोई भी रिश्ता टूटने पर दुखी होने से पहले एक बात पर विचार करना चाहिए कि न तो कोई किसी के साथ आता है और न ही सारी उम्र साथ निभा सकता है।
- जब हालात अच्छे होते हैं तो बहुत सारे दोस्त और रिश्तेदार हमारे साथ जुड़ने के लिए तैयार रहते हैं। परंतु हर समय हालात एक जैसे नहीं होते इसलिए हमें बुरे वक्त में अकेले रहने के लिए खुद को पहले से ही तैयार रखना चाहिए।

20.

मज़ाक-मज़ाक में मोटिवेशन

मज़ाक-मज़ाक में मोटिवेशन - इस अध्याय का शीर्षक देख कर आप एक बार तो जरूर यह सोच रहे होंगे कि जिदंगी में सफलता, हौसलों की उड़ान, माइंड सेट तो लाइफ सेट आदि जैसे गंभीर मुद्दों पर विचार विमर्श करने के बाद अचानक मज़ाक की बात कहां से आ गई। वैसे तो इंटरनेट के इस युग में हर कोई गूगल की मदद से सब कुछ सीख लेते हैं। लेकिन फिर भी जब कभी मोटिवेशन जैसे विषय की बात मज़ाक-मज़ाक में की जाए तो उसका अलग ही मज़ा होता है एक तो बात रोचक होने के कारण जल्दी से समझ आ जाती है और दूसरा लबें अरसे तक याद भी रह जाती है। वैसे तो आजकल का माहौल बड़ा ही अजीब-सा बनता जा रहा है। जब कभी कोई गंभीर बात करो तो लोग मज़ाक समझने लगते हैं। जब मज़ाक करो तो लोग सीरियस हो जाते हैं। दूसरी और जब कभी हम जिदंगी में कुछ नये किस्म का बड़ा काम करने के बारे में सोचते हैं तो सबसे पहले हमारे मन में मोटिवेशन जैसे गंभीर विषय आने लगते हैं। हमें ऐसा लगता है कि जब मोटिवेशन की बात हो रही हो तो हमें दीन-दुनिया सब कुछ भुला कर सिर्फ इसी ओर ही सारा ध्यान लगाना चाहिए। हमारा यह मानना है कि विषय कोई भी हो, बात कैसी भी हो, बस इतना ध्यान रहे कि हमारी बात में दम होना चाहिए। पुस्तक के इस आखिरी अध्याय में मोटिवेशन से जुड़ी कुछ खास बातें मज़ाक-मज़ाक में जानने का मज़ा लेते हैं।

- इंसान को सच्चा और सरल होना चाहिए, स्मार्ट तो फोन भी होते हैं।
- कुछ लोगों को अपने सारे भूले हुए काम सोते समय ही याद आते हैं।

- कुछ लोग जी हजूरी कर-कर के सारी उम्र दूसरों को कसूरवार ठहराते रहते हैं।
- वो लोग हमेशा दुखी रहते हैं जो हमेशा दूसरों को बदलने की कोशिश करते रहते हैं।
- आजकल के इंसान ही इंसान का रास्ता काटते हैं, बिल्लियां तो बेचारी यूं ही बदनाम हैं।
- जैसे-जैसे धर्म का प्रचार-प्रसार बढ़ रहा है लोग उतने ही अधिक अधर्मी होते जा रहे हैं।
- जिदंगी का अंदाज़ कुछ ऐसा रखना चाहिए कि जो हमें न समझे उसे नज़रअंदाज कर दो।
- एक सवाल का हल आज तक कोई नहीं जान सका कि मैं पागल हूं या दुनिया पागल है।
- हम जिस चीज़ के बारे में सबसे कम जानते हैं उसी के बारे में सबसे अधिक बातें करते हैं।
- हमें कभी भी वो काम कल पर नहीं टालना चाहिए जिसे हमें आसानी से परसों कर सकते हैं।
- किस्मत के हाथ-पैर तो नहीं होते लेकिन वो कभी-कभी बहुत बुरी तरह से नीचे गिरा देती है।
- किस्मत जब नाच नचाती है उस समय सारे करीबी दोस्त, रिश्तेदार कोरियोग्राफर बन जाते हैं।
- सबसे जल्दी अमीर बनना चाहते हो तो आज से ही गरीबों के हक के लिए लड़ना शुरू कर दो।
- भगवान हमें हर नया दिन एक तौहफे के रूप में देते हैं, शायद इसीलिए इसे "प्रेजन्ट" कहते हैं।
- आलोचनाओं से बचने का सबसे आसान तरीका है कि "कुछ मत कहो, कुछ मत करो, कुछ मत बनो।"
- आज के दौर में जिन लोगों को हम तैरना सिखाते हैं, वही हमें डुबोने के लिए तैयार बैठे रहते हैं।

- हमारी जिदंगी भी प्याज की तरह है, जितना इसके करीब जाओ उतने ही अधिक आंसू निकलते हैं।
- पैसे से आज तक कभी किसी को खुशी नहीं मिली लेकिन फिर भी सारी दुनिया इसकी दीवानी है।
- कई लोग एक बार मेहनत करके असफल होने पर यह निर्णय ले लेते हैं कि मेहनत करना बेकार है।
- जिदंगी जीना सच में बहुत ही कष्टदायक है, इसीलिए शायद हर इंसान कुछ समय बाद मर जाता है।
- हुनर तो हर किसी के पास होते हैं किसी के छिपे रह जाते हैं किसी के छप कर सुर्खियां बन जाते हैं।
- चांद तो हमेशा ही पूरा होता है सिर्फ हमारी नज़र और नज़रिये से वो हमें घटता-बढ़ता दिखाई देता है।
- बदलाव लिखने से किसी तरह का बदलाव नहीं होता, असली बदलाव तो हमारे दिमाग से शुरू होता है।
- जब तक मस्ती जिंदा है, तभी तक हस्ती जिंदा है, वरना तो यह समझ लो कि हम जबरदस्ती जिदां हैं।
- जो लोग आपकी खुशी से जलते हैं उनके ऊपर थोड़ी सी हवन सामग्री डाल कर जोर से बोलो स्वाहा।
- भविष्य की चिंता छोड़ कर अपना सारा ध्यान वर्तमान में लगाने वाले ही भविष्य को सुनहरा बना पाते हैं।
- जिदंगी बहुत छोटी है, इसलिए हर एक पल को खुल कर खुशी-खुशी जीने की कोशिश करनी चाहिए।
- आजकल अपनी खूबियां भी खुद ही बतानी पड़ती हैं क्योंकि दुनिया वाले तो बुराइयां निकालने में व्यस्त हैं।
- आज का दौर भी कितना अजीब है अधिकतर देश युद्ध रोकने और करने की तैयारी साथ-साथ कर रहे हैं।
- भगवान ने दुनिया तो बहुत खूबसूरत बनाई है, लेकिन लगता है कि कुछ लोगों को बुद्धि देना भूल गया था।

- कुछ समय पहले तक खिचड़ी सिर्फ घरों में बनती थी आजकल यह लोगों के दिमाग में अधिक बनने लगी है।
- हर ज्ञानी के ज्ञान की एक सीमा होती है लेकिन बेवकूफ व्यक्तियों की बेवकूफियों की कोई सीमा नहीं होती।
- कुछ लोग समय को इतना अनमोल समझते हैं कि वो पैसा कमाने के लिए भी उसे इस्तेमाल नहीं करते।
- सिर्फ भगवान के भरोसे बैठने से किसी को कुछ नहीं मिलता क्योंकि भगवान खुद इंसान के भरोसे बैठे हुए हैं।
- कुछ लोगों को यह नहीं मालूम होता कि वो किस राह पर जा रहे हैं, लेकिन वो फिर भी आगे बढ़ते रहते हैं।
- अक्सर लोग कहते हैं कि जिदंगी बहुत कठोर होती है, परंतु यह कोई नहीं बताता कि कितनी कठोर होती है।
- कल तक जिन चीजों को पाप कहा जाता था, उन्हें आज किसी न किसी बीमारी का नाम दे दिया गया है।
- इस दुनिया में एक ऐसी चीज है जिसकी कोई सीमा नहीं है, उसे साधारण भाषा में "बेवकूफियां" कहा जाता है।
- पत्थर पूजने से ही अगर सब कुछ मिल सकता है, तो फिर पत्थरों को छोड़ कर पहाड़ों को पूजना चाहिए।
- इस दुनिया में सबसे अच्छी कहानियां महान लोगों की असफलताओं से ही निकल कर हमारे सामने आती हैं।
- किसी की निंदा के डर से अपने लक्ष्य को मत छोड़ो, क्योंकि लक्ष्य हासिल करते ही लोगों की राय बदल जाएगी।
- हमारी सरकार भ्रष्ट लोगों को सिर्फ इसलिए पकड़ती है क्योंकि वो नहीं चाहती कि कोई उनकी बराबरी करे।
- अगर किसी को आपकी तरक्की से परेशानी होती है तो यह समस्या उसकी है, आप बेपरवाह होकर आगे बढ़ते रहो।
- समाज में असली प्रभाव हमारे कपड़ों से ही पड़ता है, वरना नंगे आदमी को तो कोई अपने करीब भी नहीं बैठने देता।

- हमारे देश के कुछ नेता बोलने में इतनी जल्दबाजी करते हैं कि उन्हें खुद भी समझ नहीं आता कि वो क्या बोल रहे हैं।
- गलत निर्णय से हमारा बेशक कितना भी नुकसान हो जाए लेकिन कहानी बनाने वाले उससे भी फायदा उठा लेते हैं।
- जब हमें किसी भी व्यक्ति की बात से कोई फर्क न पड़े उस समय उनको हमारी हर बात से बहुत फर्क पड़ने लगता है।
- बड़े ख्वाबों को सच करने के लिए बड़े सपने देखना जरूरी होता है इसलिए जितना अधिक सो सकते हो सोते रहो।
- चंद लोग बहुत होशियारी दिखाने की कोशिश करते हैं लेकिन छिछोरी हरकतों में अक्सर उनका दिमाग साथ नहीं देता।
- कुछ लोगों का यह मानना है कि हम खुद को बेशक कितना भी क्यों न बदल लें हमें सरकार ने कौन-सा मैडल दे देना है।
- कुछ लोगों को हम जिदंगी में चाह कर भी नहीं बदल सकते, इसलिए ऐसे लोगों को उनके हाल पर ही छोड़ देना चाहिए।
- दिमाग को खुला रखना अच्छा होता है, लेकिन उसे इतना भी खुला न रखें कि लोग अपना कचरा उसमें डालने लगे।
- जब पेट अच्छे से भरा हो, जेब नोटों से भरी हुई हो उस समय दूसरों को बिना मांगे ही फिजूल की राय देने में बहुत मज़ा आता है।
- भविष्य के बारे में बड़े-बड़े ज्योतिषी भी कोई अनुमान नहीं लगा पाते फिर हम उसके लिए मेहनत करने का जोखिम क्यों लें।
- भगवान ने दिमाग तो हम सभी को एक जैसा ही दिया है बस उसे इस्तेमाल करने का तरीका 'गाईड' देना भूल गया था।
- हमारी जिदंगी की परीक्षा भी इतनी अजीब होती है कि आज तक किसी भी व्यक्ति की किस्मत का पेपर लीक नहीं हो पाया।
- आपकी पीठ पीछे कोई क्या बोलता है इस बात की फिक्र मत करो, यह देखो कि आपके सामने किसका कितना मुंह खुलता है।
- कुछ लोग जीवन में आगे बढ़ने के लिए मेहनत नहीं करते बल्कि वो बेचारे तो सिर्फ इतना चाहते हैं कि कोई उन्हें नौकरी से न निकाल दे।
- जब हम एक ही मज़ाक पर बार-बार हंस नहीं सकते तो फिर एक बार

की असफलता पर बार-बार दुखी होने से क्या होगा।

- हमें कभी भी दुनिया की हर चीज़ पाने की इच्छा नहीं रखनी चाहिए क्योंकि अगर वो सब कुछ मिल गया तो उसे रखेंगे कहां?
- बहुत सारे लोग दिन के उजाले में किसी चीज़ से नहीं डरते लेकिन रात को अधेंरा होते ही उनके विचार बदलने लगते हैं।
- हमारे देश के अधिकतर नेता विकास के कार्यों पर पैसा खर्च करने की बजाए उसके विज्ञापनों पर खर्च करना बेहतर समझते हैं।
- कई लोगों का मानना है कि जिदंगी हमें हर काम के लिए एक मौका और देती है, इसलिए सब कुछ आज करने की क्या जरूरत है?
- मुसीबत तो अक्सर हम सभी के दरवाजे खटखटाती रहती है लेकिन जहां हंसी-खुशी होती है वहां से खुद ही डर कर भाग जाती है।
- अनेक लोगों का मानना है कि हमारा भविष्य हमारे सपनों पर टिका होता है, इसलिए जहां तक हो सके हमें सोते ही रहना चाहिए।
- जिदंगी को कभी भी हल्के में नहीं लेना चाहिए क्योंकि जरा सी बेवकूफी करते ही यह बिजली से भी अधिक जोर के झटके देती है।
- एक न एक दिन हम सभी को इस दुनिया से जाना है, लेकिन उससे पहले जिदंगी की हर तमन्ना को पूरा करने की कोशिश करनी चाहिए।
- आज के बहुत सारे युवा जिदंगी को एक मज़ाक की तरह समझते हैं, लेकिन वो उस मज़ाक को गहराई से जानने की कोशिश नहीं करते।
- हम अपनी जिदंगी में बहुत सारे मिलने वाले मौकों को सिर्फ इसलिए नहीं पहचान पाते क्योंकि वो मेहनत का लिबास पहन कर आते हैं।
- बतख भी जीवन जीने का इतना बढ़िया तरीका सिखाती है कि अंदर कितनी भी उथल-पुथल हो लेकिन ऊपर से हमेशा शांत रहना चाहिए।
- कुछ लोगों को 15-20 साल बाद यह एहसास होता है कि वो जिदंगी में कुछ नहीं कर सकते, लेकिन तब तक वो इसी बात के लिए मशहूर हो जाते हैं।
- आप अगर आज तक कुछ भी अच्छा काम नहीं कर पाए तो भी चिंता की कोई बात नहीं, आप उसे कल से शुरू कर सकते हैं और कल कभी आता नहीं।
- आज के कुछ युवा मौज-मस्ती में इतने लीन हैं कि वो यह सोच ही

नहीं पाते कि उन्होंने देश के लिए क्या किया है या देश ने उनके लिए क्या कुछ किया है।

- अगर पेशे के हिसाब से नाम रखने की प्रथा हो तो हमारे देश में 90 प्रतिशत लोगों का नाम रायचंद और बाकी 10 प्रतिशत लोगों का नाम हुक्मचंद हो जाएगा।
- कई बार हम यह तो नहीं तय कर सकते हैं कि कैसे लोग हमारी जिदंगी में आएंगे लेकिन हम इतना तो जरूर कर सकते हैं कि ऐसे लोगों को कैसे अपने से दूर रखा जाए।
- बचपन में अक्सर हम सभी को समझाया जाता है कि कोई भी व्यक्ति हर क्षेत्र में सफल हो सकता है, कुछ लोग इसी बात को लेकर सारी उम्र सफलता का इंतजार करते रहते हैं।
- अगर कोई व्यक्ति बेवजह आपकी राह में अड़चनें डालता है तो भी उसे यह समझ कर माफ कर दो कि सभी मानसिक रोगी सिर्फ अस्पताल में नहीं मिलते कुछ खुले भी घूमते रहते हैं।
- कुछ लोगों की सोच इतनी छोटी होती है कि अगर कोई दूसरा आदमी एक काम कर सकता है तो उसे ही करने दो। अगर दूसरे लोग वो काम नहीं कर सकते तो मैं उसे क्यों करूं।
- यह जरूरी नहीं कि हमारा हमेशा बुद्धिमान लोगों के साथ ही पाला पड़े। कई बार ऐसे लोगों को भी झेलना पड़ता है जिनके पास न तो सामान्य बुद्धि और न ही व्यावहारिक ज्ञान होता है।

पहले लोग कहते थे कि अभ्यास करने से ही इंसान खुद को सुधार सकता है लेकिन आज की पीढ़ी का मानना है कि आज तक कोई भी व्यक्ति अभ्यास से निपुण नहीं बन पाया इसलिए अभ्यास करना बेकार है।